KB268814

3년 후 내 재산

3년 후 내 재산

부동산에 떨고 주식에 배신당한
사람들을 위한 처방전

3년 후 내 재산

김유경 지음

위즈덤하우스

불황에는
특별한 재테크가 필요하다

재테크를 고민하는 사람들에게는 암울한 시기다. 집을 가진 사람은 손해를 감수하고라도 팔려고 하지만 살 사람이 없다. 수익을 바라지 않고 그저 내 집 한 채 마련하고자 하는 사람 또한 지금 혹여나 집값이 떨어질까봐 걱정이 돼 집을 사지 못한다. 하지만 전셋값은 천정부지로 오르고 이사를 가는 것도 쉬운 일은 아니다.

주식이나 펀드는 어떠한가? 주식에 직접투자를 한 사람은 말할 것도 없거니와 대형 금융사의 말만 믿고 펀드를 가입했던 사람들 또한 계속 펀드를 가지고 있어야 할지 말아야 할지 쉽사리 판단이 서지 않는다. 국내 펀드 수익률이 지지부진이라 해외로 눈을 돌려보지만 해외 펀드의 상황은 더 좋지 않은 것 같다.

그럼 가장 안전한 투자처라고 할 수 있는 예금이나 적금은 어떨까? 이 또한 쉽지가 않다. 대형 은행에 맡겨두자니 금리가 하락하여 물가 상승률도 따라잡지 못한다. 그렇다고 조금이라도 더 이자를 받기 위해 저축은행에 맡겨두자니 영업정지다 뭐다 하면서 자칫하면 원금마저 까먹을지도 모를 판이다. 상황이 이러하니 돈이 없는 사람은 없는 대로, 있는 사람은 있는 대로 우왕좌왕 어디로 가야 할지 알 수가 없는 형국이다.

불황의 늪에서 허우적거리며 뾰족한 탈출구를 찾지 못하는 한국과 글로벌 경제는 앞으로 최소한 3년은 '3S의 시대'를 맞을 가능성이 높다. 3S란 '장기불황(Stagnation), 저성장(Slowflation), 소득 감소(Salary cut)'를 뜻하며, 경제주체들의 심리 위축과 신성장 동력을 상실한 전 세계가 겪을 시대상이다.

각국 정부와 중앙은행이 돈을 싼값에 무제한으로 공급하지만, 시장 참여자들의 심리가 위축되면서 공급된 돈이 실물경제에 재투자되지 못하며 불황이 지속되고 있다. 게다가 신성장 산업이 떠오르지 않고 유동성(대규모로 공급된 돈)이 물가를 자극하면서 기업의 성장 잠재력이 위축되는 한편 이로 인해 급여 생활자들의 소득은 감소하는 형국이다.

세계 1위의 경제대국이자 금융위기를 촉발한 미국도 3S 시대를 인정하는 분위기다. 미국 연방준비제도이사회는 2012년 10월 연방공개시장위원회(FOMC)에서 무기한, 그리고 무제한으로 돈을 공급하는 내용의 3차 양적완화(QE3) 정책을 내놓는 동시에 3년 뒤인 2015년 중반까지 초저금리 기조를 유지한다고 밝혔다. 이는 경기가 회복될 때까지 돈을 사실상 무제한 공급하겠다는 의지를 보여주는 한편 경기의 변곡점을 2015년으로 예상한 것이다.

이러한 상황이 의미하는 바는 무엇인가? 투자에 있어 작금의 경제 여건은 보수적으로 자산을 운용하되, 앞으로 있을 재도약에 대비해 투자 기회를 엿보고 선제적으로 대응해야 한다는 의미다.

위기는 항상 기회로 이어진다. 1997년은 한국사회에서 '외환위기'란 잊지 못할 고통을 안겨준 해이지만, 수많은 기회를 주기도 했다. 당시 고등학교 졸업반이었던 필자는 외환위기 여파로 집안에 문제가 생겨 고통받는 친구들을 많이 봤다. 특히 그중 한 명은 아버지의 사업체가 경영난에 화재까지 겹쳐 집안이 몰락하는 모습을 지켜봐야 했다.

외환위기가 터지고 15년이 지난 현재, 심각한 어려움을 겪던 그 친구는 지금 어떻게 지내고 있을까. 2004년 미국 유학길에 올랐던 친구는 대학 졸업 후 한국에 돌아와 강남 아파트에 살면서 외제차를 타는 등 윤택한 삶을 누리고 있다. 파산 직전까지 몰렸던 이 친구의 가정이 어떻게 부유층으로 거듭났을까. 여기에는 친구 모친의 동물적인 투자 감각이 있었다.

당시 친구의 부친은 충격으로 건강이 악화돼 병원 신세를 지게 됐고, 평범한 가정주부였던 어머니가 가장의 자리를 떠맡아 새 활로를 모색해야 했다. 이때 모친은 주변으로부터 투자금을 끌어모아 IT붐이 일기 직전 주식에 투자해 버블이 꺼질 때쯤 팔아 많은 돈을 벌었다. 2001년의 일이다. 이어 여기저기에 부동산을 매입했고 2000년대 중반에 과감히 매각해 2배 이상의 수익률을 올렸으며, 이를 다시 펀드에 투자해 100%가량의 수익률을 올린 뒤 주가지수가 고점을 찍었던 2007년 모두 정리해 재기의 발판을 마련했다.

드라마 같은 이야기 같지만 모두 실제 사실이다. 물론 이와 같은 일이 일어날 확률은 대단히 낮다. 실제 현실에서는 많은 사람들이 위기에서 탈출하지 못하고 주저앉고 만다. 하지만 그 와중에도 분명 친구의 모친처럼 전화위복의 기회를 만든 사람들도 있었으며, 그들이 위기를 기회로 만들 수 있었던 것은 어떻게든 살아남아야 한다는 절박한 심정과 함께 위기 속에서도 기회를 찾아내려는 노력이 있었기 때문이다.

통상 경기는 3년에서 5년 주기로 흐름이 바뀐다. 1997년 외환위기 이후 침체에 빠졌던 한국경제는 1999년 회복했고, 2003년 다시 신용카드 사태로 휘청거렸다. 그러다 중국의 부상과 함께 제조업 경기가 살아나며 2007년에 고점을 찍고 2008년에 글로벌 금융위기를 맞았다. 하지만 글로벌 금융위기 속에서도 한국은 2011년 상반기까지 성장의 흐름세를 이어갔으며 다시 유럽 재정위기로 회복세가 꺾였다. 이러한 흐름만 잘 읽을 수 있다면 위기 속에 오히려 큰 기회가 있다는 깨달음을 얻을 수 있다.

흐름을 읽기 어렵다면 주요 대기업들의 신상품 판매 주기를 읽는 것도 방법이다. 예컨대 현대자동차의 간판 제품인 소나타의 경우 소나타2가 1993년, 소나타3가 1995년, 소나타EF가 1999년, 소나타NF가 2004년, 소나타YF가 2009년에 출시됐다. 이를 경기 순환에 대입해보면 경기 활성화 주기와 거의 유사한 흐름을 보인다는 사실을 알 수 있다. 경기가 좋고 소비가 살아나는 시기에 신제품이 많이 팔리기 때문이다. 그렇다면 소나타의 차기 풀체인지 모델은 언제 등장할까. 이 질문에 대한 해답이 당신의 재테크에 도움을 줄지도 모른다.

앞서 설명했지만 앞으로 3년은 3S의 시대이다. 2015년까지 경기침체는 어쩔 수 없다. 하강 국면은 이르면 2013~2014년 정도에 끝날 수 있지만, 침체의 여진은 남을 것이다. 그때까지 자신의 자산을 든든히 지키는 한편 경기가 상승으로 전환하기 직전에 준비를 해서 수익의 기회를 노려야 한다. 또 대세상승기가 왔을 때 위층으로 향하는 엘리베이터에 반드시 올라타야 한다.

이 책에서는 향후 3~5년 동안 관심을 가져야 할 투자상품 7가지를 다루었다. 첫 번째 장에서는 전통적인 투자처로 꼽히는 부동산을 다루었다. 한국사회는 부동산 투자를 맹신하는 경향이 강한데, 실제로 부동산 가격이 급등한 것은 1990년대 중후반부터 2000년대 중반까지 10년 남짓에 불과하다. 부동산에 대한 인식이 '투자'에서 '주거'로, '대형'에서 '소형'으로 바뀐 상황에서 수익을 낼 수 있는 방법을 살펴봤다. 2장에서는 주식을 다루고 있는데, 방향성 없이 횡보하는 주식시장에서 리스크를 최소화하면서 중장기적으로 이익을 만들어줄 전략을 소개하고 있다. 3장 채권 파트에서는 안전성과 수익성을 고루 안배한 '항아리형' 투자 방안과 수익을 안겨다줄 다양한 종류의 채권상품을 제시했다. 4장 원자재 편에서는 대량의 유동성과 경기부양 기대감에 수직상승을 기다리고 있는 원자재의 최근 동향과 앞으로의 전망을 다루었으며, 5장 금 파트에서는 경제시스템 개편 가능성과 달러의 기조적 약세, 미 국채 매력 하락 등으로 인해 대체재로 떠오르고 있는 금 투자의 장단점을 살펴봤다. 6장에서는 거의 모든 사람이 가입하고 있는 예·적금을 다루었다. 예금이나 적금의 경우 금리 차이가 크지 않기 때문에 아무 생각 없이 주거래 은행에 가입하는 경우가 많은데 저금리 시대에서는 1~2%의 차이도 결코 작지 않다. 하지만 대형 은행보다 금리를 많이 준다고 해서 중소 규모의 금융회사에 무턱대고 가입을 했다가는 원금을 까먹을 수도 있다. 이 때문에 6장에서는 안전하면서도 보다 많은 금리를 받을 수 있는 예·적금 상품을 소개하는 것에 초점을 맞추었다. 마지막 7장에서는 장기적 관점에서 일상적인 리스크를 대비하고 돈 걱정 없는 노후를 만들어갈 수 있도록 해주는 보험 상품과 연금 상품을 소개했다. 이 7가지 노하우를 가지고 있다면 아무리 위기의 시대라 할지라도 돈을 불릴 수 있는 기회를 포착할 수 있을 것이다.

이 책의 상당수 내용은 저자 개인의 견해나 관점이 아니라 취재를 하면서 만난 유수의 재테크 전문가들로부터 얻어낸 것들이다. 전문가라고 해서 다 맞는 것은 아니고 또 전문가마다 의견을 달리하는 것들이 있기 때문에 그 가운데 공통분모를 찾아 가장 가능성이 크고 확실성이 높은 것들을 선별하여 제시했다.

마지막으로 당부하고 싶은 점은 재테크에서는 무엇보다도 '긍정적 마인드'와 '자기중심'이 중요하다는 점이다. 피겨여왕 김연아의 가장 큰 강점은 배짱과 멘탈의 안정성이다. 라이벌 선수의 견제나 언론의 공격 등 외풍에 흔들리지 않고 자기중심적인 플레이를 한 덕분에 지금의 자리에 오를 수 있었다. 재테크도 마찬가지다. 주변에서 누군가가 주식에서 대박이 났다는 둥, 선물옵션에 투자해 100배의 수익률을 올렸다는 둥의 이야기에는 귀 기울이지 말자. 항상 행운을 달고 다니는 사람은 없다. 재테크는 시간이 만들어내는 마술이다. 요행을 바라기보다는 동화 속 거북이처럼 인내를 갖고 전진하다 보면 어느덧 재산은 불어나 있을 것이다.

또 한두 번의 투자에 실패했다고 분노하거나 좌절하지 말도록 하자. 지난 2010년 11월에는 미국의 2차 양적완화 여파로 환율이 다소 떨어졌는데, 글로벌 환율 전쟁이 불거질 것이란 우려가 확산되어 달러화 매도세가 심해지며 하락폭을 키운 적이 있다. 하지만 시장은 곧 균형을 찾았으며 미미하게 하락한 수준에서 박스권이 형성됐다. 시장은 투자자의 걱정을 먹고산다는 점에 유의해야 한다.

미약하지만 이 책이 어려운 경제 여건에서 투자하는 모든 투자자들에게 도움이 되길 바라며 건전한 재테크를 지향하는 이들에게 건승을 빈다.

2012년

김유경

| CONTENTS |

1장
부동산

임대수익 창출과
노후 대비 개념으로 접근하라

폭락은 없어도
_____ 하락은 필연

2000년대 들어 눈부신 수익률을 기록한 부동산. 누구든 투자 했다 하면 빠르게 돈을 벌 수 있는, 쉽게 부자 반열에 오를 수 있는 황금알을 낳는 거위였다. 대한민국 국민들에게 있어 부동산은 재테크의 알파이자 오메가로, 환상을 갖는 것은 당연했다.

강남의 대표적인 고급주택단지인 청담·삼성·논현동의 50~60평형대(165.29~198.35m²) 주택 가격은 10년 전만 해도 5억~6억 원 수준으로 2012년 현재 반포의 30평형대(약 99.17m²) 재건축 아파트 전세 가격 7억~8억 원에도 미치지 못하는 수준이었다. 하지만 이 집들은 현재 3~4배가량 오른 15억~24억 원을 호가한다. 아파트의 경우는 상승세가 더욱 높아 같은 기간 3억~4억 원에 불과했던 강남 소형 아파트의 가격대가 지금은 14억~16억 원 선에서 형성돼 있다. 부동산의 투자 수익률은 주식·채권·예금 등과는 비교가 안 됐고, 가격 급등 현상은 전국적으로 나타났다.

덕분에 아직까지도 주말마다 재건축·저개발 가능성이 높은 지역의 부동산 중개업체를 돌며 대박의 꿈을 꾸는 이들 역시 적지 않다. 건설·부동산 업계 종사자들이 최근 심각한 부동산시장 침체를 겪으면서 "한 번의 웨이브는 있다"고 기대하는 것도 이 같은 시장의 분위기를 반영한 것이다.

그렇다면 부동산시장이 또 한 번의 웨이브를 탈 수 있을까. 이 질문에 대해 대다수의 전문가들은 부정적인 결론을 내린다. 근본적으로 이미 국내 부동산시장 가격이 오를 만큼 올랐고, 과도한 버블이 금융 부실로 이어질 수 있어 정부도 가격 상승을 용인할 수 없다는 것이 그 이유다.

10년 동안의
대세 상승은 잊어라

"겨울잠에 들어간 부동산시장에 언제 다시 봄이 찾아올까?" 이 같은 질문에는 '일장춘몽'이라고 잘라 답하고 싶다. 10년 동안의 부동산 호황은 말 그대로 달콤한 꿈같은 시간이었다. 이제는 잠에서 일어나 현실과 꿈의 괴리를 깨닫는 것이 부동산 재테크를 위해 반드시 필요하다.

일단 부동산의 재도약 가능성에 대한 답을 하기 전에 먼저 지난 10년 동안의 부동산 가격 급등의 원인을 되짚어볼 필요가 있다.

부동산이 최고의 투자처로 떠올랐던 것은 외환위기와 IT버블 붕괴로 안전자산에 대한 수요가 급증했기 때문이다. 한국경제가 지난 50여 년간 한강의 기적을 이루는 동안 부동산 수요는 꾸준히 늘어났지만 안정적인 주택공급과 맞물려 비교적 완만한 성장률을 기록했다.

하지만 두 차례의 위기를 겪으며 시중에는 유동자산이 차고 넘쳤고, 안전자산 선호 심리는 어느 때보다 강해졌다. 이 같은 상황에서 비교적 낮은 가격 상승률을 기록하던 부동산에 돈이 급격히 몰렸다. 당시 정부도 이 같은 자금 흐름을 묵인했다. 오히려 정책적으로 지원하며 경기 활성화를 유도했다.

하지만 이제는 올라도 너무 많이 올랐다. 서울 강남의 아파트 매매 가격은 이미 지난 2005년에 미국 뉴욕의 거래 가격을 넘어섰고, 일본 도쿄나 영국 런던과 비슷한 수준이거나 더 비싸다. 서울 강남과 수도권을 중심으로 한 한국의 부동산 가격은 이미 세계 최고 수준이다. 여기서 부동산시장의 추가 웨이브를 바라는 것은 한국경제가 망하기를 바라는 것과 다름없다.

또 정부의 부동산 정책도 부동산시장의 추가 상승을 기대하기 어렵게 한다. 가깝게는 지난 2008년 미국의 서브프라임모기지 사태로 인해 부동산 가격이 급락한 미국과 멀게는 버블경제 붕괴로 부동산 가격이 절반으로 추락하며 잃어버린 20년을 겪고 있는 일본이 그 간접 증거다.

부동산시장 가격 상승은 경기와 밀접한 연관이 있다. 국민들 대다수는 금융지원을 받아 부동산을 구매한다. 가계부채, 특히 주택담보 대출이 부풀대로 부푼 상황에서 금융자원을 통해 부동산 경기를 부양시킨다면 금융기관과 가계의 건전성 하락은 불 보듯 뻔하다. 때문에 정부 입장에서는 역설적으로 부동산 가격 하락을 우려해야 하는 시기다. 부동산 가격 하락으로 담보 가치가 떨어진다면 가계의 대출 상환 부담이 늘어나 심각한 실물경제 침체로도 이어질 수 있기 때문이다.

이런 이유로 '실수요 주택거래 정상화와 서민·중산층 주거안정 지원방안' '총부채상환비율(DTI)·담보인정비율(LTV) 완화' 등 단계적으로 정부가 규제를 푸는 것은 부동산 부양책이 아닌, 가격 하락을 막기 위한 조치로 해석하는 것이 옳다.

부동산시장이 재기하기 어려운 이유로 꾸준히 제기되는 인구 감소 문제도 중요한 원인이다. 특히 실제로 집을 구매할 핵심 생산인구가 2011년부터 감소하기 시작했다는 것은 부동산시장 재도약이란 희망에 찬물을 끼얹는다. 이 때문에 과거처럼 돈을 묻어두면 대박이 날 것이란 막연한 기대감을 갖는 것은 곤란하다. 과거와 같은 투자 패턴은 분명히 리스크를 수반한다. 이제는 적정한 투자처를 찾아 타깃팅 투자, 똑똑한 투자가 필요한 시점이다.

생산가능인구의
변화에 주목하라

당신은 아마 돈을 벌고 앞으로의 꿈을 키우기 위해 이 책을 폈을 것이다. 그런데 부동산시장에 대한 온갖 부정적인 이야기만 쏟아냈다. 하지만 부정적인 이야기를 먼저 꺼낸 것은 그만큼 위험을 잘 알아야 한다는 뜻이지 부동산시장에 전혀 기회가 없다는 뜻은 아니다. 또 부동산과 완전히 단절한 상태로 삶을 영위하는 것은 불가능하다.

현재 아직 내 집을 구하지 못한 직장인들은 우스갯소리, 혹은 한숨 섞인 목소리로 "부동산 가격이 떨어져야 집을 살 텐데"라는 말을 한다.

이미 집을 보유한 사람들은 반대로 "부동산 가격이 떨어지면 어떡하지"라는 걱정을 한다.

하지만 부동산 가격의 폭락을 기대하지는 말자. 부동산 가격은 급락하지 않는다. 현재 시장의 흐름과 과거 패턴, 정부 정책 등 여러 변수를 고려했을 때 부동산 가격이 급락할 가능성은 크지 않다. 물론 전쟁이나 통일 등과 같은 급박한 대외 변수는 제외하고 말이다.

앞서 설명했듯 미국과 일본은 부동산시장 침체로 심각한 경제 위기에 빠졌다. 일본의 경우 장기 저금티 속에 버블이 부풀어 오를 대로 오른 상황에서 금리인상 등 유동성 환수에 나서면서 상환 능력이 급격히 악화됐고, 부동산은 투자처로서의 메리트를 상실했다. 원리금 상환부담이 커지자 일본의 소비는 침체됐고, 헤어나올 수 없는 수렁에 빠졌다. 미국의 경우도 2000년대 들어 금융 투자가 전방위적으로 이뤄졌고, 풍부한 유동성이 리스크를 상쇄해줄 것이라 믿은 은행들이 비우량주택담보대출(서브프라임모기지)에 집중했기 때문에 위기가 발생했다. 결국 가계의 상환 능력 저하 때문에 연쇄적으로 은행까지 타격을 입으며 위기가 심각해졌다.

미국과 일본의 사례를 대비해보면 한국의 경우도 주택을 담보로 한 대출 규모가 우려스러운 수준이다. 현재 대한민국에 건설된 대부분의 주택들은 은행의 융자를 끼고 있다. 주택 가격이 하락해 담보가치가 떨어지면 은행은 초과대출을 회수해야 하고, 가계는 심각한 충격을 받게 된다. 상환 능력이 떨어진 가계가 대출 원리금을 납부하지 못하면 은행 역시 피해가 커진다.

2012년 6월 말 현재 예금은행의 가계신용대출은 457조 8,932억 원

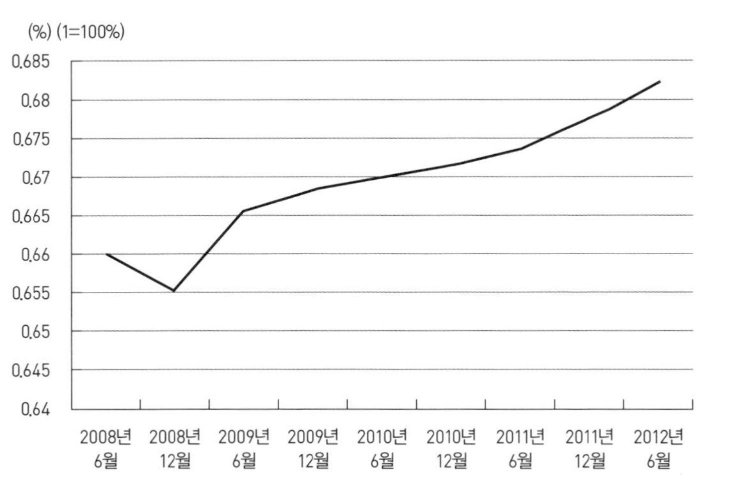

자료: 한국은행

으로 이 중 주택대출은 312조 4,124억 원에 이른다. 비율로는 68.23%로 글로벌 금융위기가 터진 지난 2008년 9월의 65.68%보다도 높다. 주택거래가 침체돼 있고, 가격 역시 오르지 않는데, 주택대출규모가 늘었다는 것은 기존의 담보를 활용해 융자를 냈다는 것으로 현재 가계의 신용 상태가 좋지 않음을 시사한다.

정부가 지난 3~4년간 시행한 여러 '조심스런' 부동산 부양 정책은 부동산시장의 상승을 자극하지 않고 정상적인 거래를 활성화해 부동산 가격 침체를 막겠다는 의도였다. 기획재정부·국토해양부·금융위원회 등 관련 부처 관료들은 부동산의 현황과 가계부채에 대해 깊은 우려를 갖고 있으며, 문제발생을 막기 위해 정책적 노력을 기하고 있다.

물론 정부의 노력만으로 부동산 가격이 결정되는 것은 아니다. 정

부는 길을 터 놓을 뿐, 결정은 시장이 한다. 그러나 결정권자인 시장
도 부동산 가격 하락을 제한하고 있다. 부동산 소유자들이 헐값에 집
을 내놓지 않거나, 공인중개업체들이 카르텔을 형성해 매도가의 하한
선을 정해 놓는 것 등이 그것이다. 앞서 언급했듯, 대부분의 서민들이
‘내 집 마련’의 꿈을 강하게 품고 있는 점도 부동산 가격을 지탱한다.
아울러 부동산에 대한 국민들의 믿음과 한국경제의 견고한 펀더멘탈
등도 가격 하락을 막고 있다.

그렇다면 이제 한국 부동산시장의 방향성을 가늠해볼 필요가 있다.
한국의 부동산 가격은 앞으로 어떤 방향성을 보일 것인가.

현재 한국의 부동산시장은 패러다임의 변화가 시작되고 있다. 그 가
장 큰 원인은 인구 감소에 있다. 통계청이 2009년에 내놓은 ‘향후 10년
간 사회 변화요인 분석 및 시사점’이란 보고서를 보면 한국의 사회 구
조는 인구 감소, 급격한 고령화, 출산율 저하의 변화를 겪을 전망이다.
한국의 인구는 2018년 4,934만 명을 정점으로 감소하기 시작한다. 인
구 감소와 함께 고령화 속도는 점차 빨라질 것이다. 2010년 현재 한국
의 65세 이상 노인인구는 11%를 넘어섰다.

문제는 고령화에 가속도가 붙고 있다는 점이다. 통계청은 2018년
고령사회(14% 이상), 2026년에는 초고령사회(20% 이상)에 진입할 것으
로 내다봤다. 앞으로 14년 뒤면 한국이 초고령사회에 접어든다는 것
이다. 노인인구는 많아지는 반면 출산율은 오히려 떨어지고 있다.
외환위기가 터진 1997년만 해도 한국의 출산율은 1.54명이었으나,
2005년에는 1.08명으로 크게 낮아졌다. 세계 최저 수준이다. 이 같은
인구구조의 변화가 사회의 변화를 이끌고 부동산시장의 트렌드를 바

[표 1] **주택시장의 변화**

	1980년대	1990년대	2000년대	2010년대
개요	• 만성적인 주택 부족 • 공급자 주도의 시장 • 주택 대량공급	• 만성적인 주택 부족 • 공급자 주도의 시장 • 주택 대량공급	• 주택 부족 완화 • 공급자 주도에서 수요자 주도로 변화 • 주택의 질적 측면 강조	• 주택의 질적 측면 중시 • 수요자 주도의 시장 • 주택시장 차별화·세분화 • 다품종 소량생산 구조 부각 • 수요자·공급자 리스크 증가
정책	• 강력한 주택 및 토지규제	• 외환위기 이후 주택규제 완화	• 가격 급등에 따른 주택규제	• 획일적 규제에서 벗어나 시장 변화에 대응
금융	• 부동산 금융 미비	• 부동산 금융 미비	• 부동산 금융시장 성장 기반 마련	• 부동산 금융시장 성장 • 다양한 자본 투자자 등장 • 건설사 주도 공급 한계

자료: KB금융지주

꿀 것으로 보인다.

특히 주택거래의 주체가 될 핵심 생산가능인구가 지난 2009년 사상 처음으로 감소한 것은 시사하는 바가 크다. 통계청이 2010년 실시한 인구주택총조사 결과에 따르면 경제활동이 가장 활발한 연령층(25~49세)인 핵심생산인구는 1,953만 8,000명(2009년 11월 1일 현재)으로 5년 전인 2005년 조사 당시(1,990만 5,000명)에 비해 36만 7,000명이 줄었다.

이 연령층이 감소세를 보인 것은 1949년 인구총조사를 실시한 이래 처음으로, 한국경제의 저출산·고령화가 그만큼 심각하며, 앞으로 경제성장보다는 축소의 길로 접어들고 있음을 시사한다.

핵심생산인구 감소는 노동공급 감소, 잠재성장률 하락으로 이어지고, 이는 부동산 수요를 축소시키는 결과를 가져올 것이다.

■ 미래 부동산시장의 특징 ■

•소형화

가계가 선호하는 집의 크기가 대형에서 소형으로 바뀌는 추세다. 저출산
과 고령화, 싱글족 증가 등으로 20~30평형대 소형 주택이 인기를 얻고
있다. 도심권과 역세권 소형 아파트, 으피스텔 등에 대한 수요가 꾸준히
증가하고 있다는 점에 주목할 필요가 있다.

중소형 아파트의 인기가 높아지면서 지난 2011년 3월 기준으로 서울시
25개구 가운데 12개구에서 50평형대의 평당 매매가가 20평형대의 평당
매매가에도 미치지 못하는 '역전현상'이 발생했다. 부동산114가 2010년
부터 2012년 2월까지 서울지역 아파트의 3.3㎡당 평균시세를 비교한 자
료에서는 2010년 3.3㎡당 2,254만 원이었던 전용면적 85㎡ 초과 중대형
아파트 가격은 2012년에는 2,121만 원으로 133만 원 하락했지만 소형 아
파트에 속하는 18평형(60㎡), 20평형대(66.12㎡)는 각각 규모별로 72만
원, 66만 원 내리며 중대형보다 가격이 덜 하락했으며, 소형과 중대형
의 가격편차는 2010년 2월 590만 원에서 2011년 558만 원, 2012년에는
529만 원으로 계속 줄어들고 있는 것으로 나타났다.

•집중화

미국과 일본 등 선진국의 사례를 보면 한국 역시 수도권으로 인구가 집
중될 가능성이 높다. 일본은 2005년을 정점으로 인구가 감소하고 있지
만, 젊은 근로자층은 도쿄 내지는 인근의 치바·사이타마·가나가와현 등
지로 몰리고 있다.

일본 인구의 8.5%에 해당하는 단카이 세대(베이비붐 세대)도 풍부한 노
후자금을 무기로 도심권에 주거지를 마련하고 있다. 미국 역시 자녀교육
과 문화생활 등을 고려해 뉴욕 도심으로 회귀하는 현상이 뚜렷하다. 미
국의 부동산 재벌 도널드 트럼프가 저서에서 미국 주요 대도시에 대한

부동산 투자를 그치지 않겠다고 재차 강조하는 것도 이 같은 이유다.

• 양극화

앞으로 부동산 가격은 지역별로 분리된 움직임을 보일 가능성이 높다. 과거 강남을 시작으로 분당, 죽전, 수지, 동백 등 경기 남부지역으로 이어지던 순차적 가격 상승은 기대하기 어렵다. 실제로 최근 강남의 부동산 가격 변동이 여타 지역에 미치는 영향이 줄어들었다.
이 때문에 지난 2000년대 중반 전국적으로 부동산 가격이 일제히 오르거나, 2008~2009년처럼 일제히 떨어질 가능성은 높지 않다. 이제 각 지역은 개별 시장을 형성하고 있고, 재건축이나 재개발, 철로 개통 등 개별적인 이슈로 오르내린다. 앞으로 부동산 투자를 할 때는 거시적인 흐름보다는 미시적인 접근이 필요하다.

• 대안 주택 부각

아파트가 국내 주택시장의 대세로 자리 잡은 것은 주거 편의성도 있었지만 가격 평가 등의 용이점이 작용했다. 매매가를 매기기 쉽고, 투자상품으로 인식돼 거래되다 보니 주택거래의 표준으로 자리잡은 것이다. 또 대규모 단지를 건설하며 거래가 쉽다는 점도 작용했다.
반면 상대적으로 가격 산정이 어려운 주택이나 빌라 등은 소외받아 왔던 것이 사실이다. 하지만 아파트 가격 하락과 투자메리트 실종, 투자에서 실거주로의 인식 변화 등으로 소외받던 빌라, 다세대주택 등으로 시선이 넓어지고 있다. 특히 전세난 심화는 이 같은 분위기에 부채질 하고 있으며, 저렴한 빌라를 구입해 임대업에 나서는 투자자도 적지 않다. 유망한 지역은 실수요자들이 많고, 전세가율이 비교적 높아 월세 임대가 잘되는 곳이다. 대표적으로는 강남권 진입이 용이한 서울 관악·동작 등이 있다. 이들 주택은 관리비가 저렴하기 때문에 은퇴 이후 삶을 꾸리기에도 장점이 많다.

'임대수익 창출'과
'노후 대비'로 인식을 전환해야

부동산으로 대박 나는 시대는 끝났다. 때문에 부동산을 대하는 마음가짐도 달라질 필요가 있다. 앞으로 부동산 재테크는 '임대수익 창출'과 '내 집 마련'으로 인식을 전환하자.

주변에 부동산 투자로 종잣돈을 마련했다는 소식을 접한 사람은 거의 없을 것이다. 현 시점에서 부동산은 재테크의 목표이지, 과정이라고 보기 어렵다. 일반 금융상품에 투자해 일정 기간에 일정 수익을 달성하면 이를 부동산 구매에 사용하는 경우가 대부분이다.

또 시기에 맞춰 일정 수익률을 제공하는 금융상품과 달리 부동산은 시장의 수급이 가격을 결정하기 때문에 목표 수익률이나 목표 가격을 정하기가 쉽지 않다. 능동적이기보다는 수동적으로, 주변 환경에 따라 대박이 날 수도, 쪽박이 날 수도 있는 시장이다. 사정이 이렇다면 부동산을 재테크 수단으로 활용해 '언제까지 얼마를 벌겠다'는 목표는 일찌감치 버리자. 오히려 어떤 방법으로 내 집을 구매할 수 있을지, 집을 사기 위한 현명한 방법은 무엇인지 찾는 것이 먼저다. 이미 집이 있거나, 임대사업을 하는 사람이라면 어떤 식으로 임대수익을 증가시킬지, 차익을 실현할지 등을 고민해야 할 것이다.

강조하지만 부동산 신화가 깨진 지 오래다. 이제는 현실적으로 접근해야 할 필요가 있다. 크게는 안정적인 임대수익 창출과 내 집 마련의 꿈 두 가지로 양분돼야 할 것이다. 조금 더 장기적인 관점에서 볼 때는 노후 대비로 묶을 필요도 있다. 앞으로 사거 될 집이 투자자의 삶의 터

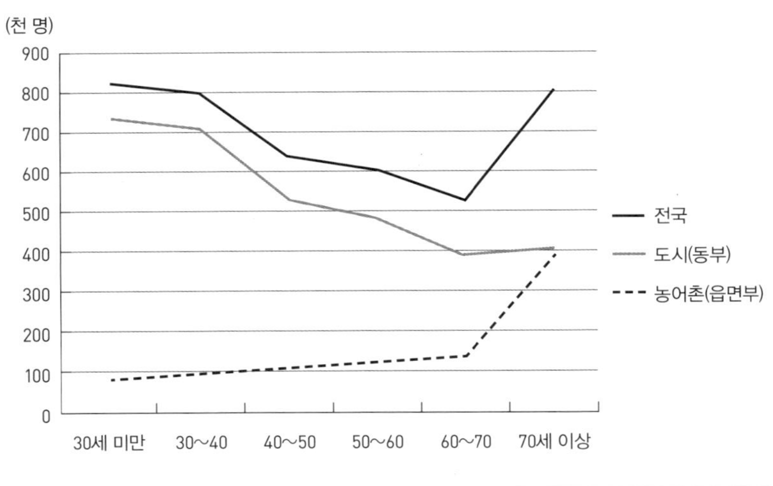

전으로서 역할을 발휘하겠지만 퇴직 후에는 노후생활의 밑천이 될 수도 있다. 본인이 막대한 금융자산을 쌓아 이자소득만으로 삶을 영유할 수 있거나, 자녀들이 고액연봉을 받아 지원을 해준다면 고민할 필요가 없겠지만, 대다수 직장인들은 이와는 거리가 멀고, 또 미래를 예측할 수도 없다. 운이 좋아 자녀들로부터 생활비를 지원받는다 해도 안락함과는 거리가 있지 않겠는가. 최고의 재테크는 자식을 잘 키우는 것이란 생각은 이미 구시대적 발상이다. 똑똑한 현대인이라면 노후는 스스로 준비한다. 부동산 재테크의 1차 목표는 안정적인 임대수익 창출, 2차 목표는 내 집 마련이란 생각으로 꾸준히 준비하고 진행하자.

부동산을
_____ 제2의 월급통장으로 만드는 방법

월급 2배로 늘리기 프로젝트

부동산은 이제 매매를 통해 차익을 노리는 상품이기보다 주거 안정을 꾀하거나 연금처럼 매달 수익을 가져다주는 존재로 인식해야 한다. 부동산은 투자처를 잘 고르기만 한다면 은행 이자처럼 매월 임대수익을 벌어다 준다. 돈 벌어다 주는 부동산. 매력적이지 않은가.

매월 수익을 올려주는 대표적인 부동산은 오피스텔과 상가다. 오피스텔은 싱글족 증가와 만혼화 등으로 앞으로 더욱 각광받을 것으로 예상되는 투자처이며, 상가 역시 기업의 근속연수가 짧아지는 등 지속적인 인적 구조조정에 따른 자영업자 증가로 수요가 꾸준할 전망이다.

오피스텔 투자로 여유를 찾는 사람들

서울 광진구에 거주하는 최영호 씨(62·가명)는 작은 사업을 하다 글로벌 금융위기와 잇따른 경기침체로 경영이 악화되자 2010년에 사업을 정리했다. 최 씨는 자녀들이 모두 출가해 양육비가 들지는 않았지만 벌이가 끊긴 터라 어딘가 매달 연금처럼 나오는 투자처가 필요했다.

그는 고민을 거듭하다 같은 해 삼성역과 양재역 인근에 위치한 47㎡ 안팎 규모의 오피스텔 두 채를 구입해 임대사업에 나섰다. 한 채는 일반 직장인에게, 나머지 한 채는 사무실 용도로 빌려줬다. 구입 당시 시세로 투자한 비용은 총 3억 원 안팎으로 서울 강남 지역의 빌라 한 채 가격도 안 되는 비용이다. 각 오피스텔의 보증금은 1,000만~1,500만 원이며, 오피스텔 두 채에서 나오는 월세는 매달 150만 원 수준이다. 그는 큰돈을 들이지 않고 꾸준히 임대수익을 챙길 수 있는 오피스텔 투자에 만족하고 있으며, 노후 생활자금으로도 궁핍하지 않게 쓸 수 있는 정도라고 평가했다.

경기도 영통에 거주하는 결혼 7년 차 송영진(36·가명), 박선아(33·가명) 부부는 모두 대기업에 다니고 있어 남들보다 생활이 비교적 나은 편이다. 이들은 둘이 합쳐 연 1억 원 이상 벌지만 아직 집이 없다. 현재 사는 집은 전세다. 이 부부는 지난 2009년 서울 강남역 인근의 오피스텔을 한 채 구입해 매월 임대수익을 받고 있다. 매월 140만 원가량 나오는 임대수익은 생활비로 사용한다. 아직 자녀가 없어 큰돈 쓸 일이 없다. 월급의 대부분은 저축한다. 이 부부는 미래를 위해 매월 대부분의 월급을 꼬박꼬박 저축하면서도 오피스텔 투자로 생활의 여유를 찾았다. 오피스텔 투자에 만족감을 느끼고 있으며, 나중에 안정된 주거지가 필요하다면 현재 보유 중인 오피스텔에 입주할 생각도 갖고 있다.

오피스텔 투자가 각광받는 이유

오피스텔 투자는 침체된 부동산시장에서 유일한 대안 투자로 인기를 끌고 있다. 여느 부동산과 마찬가지로 라이프스타일 및 인구구조의 변화가 가장 큰 이유다. 싱글족과 노인인구가 지속적으로 증가하면서 1~2인 가구가 크게 늘었고 만혼화로 미혼의 30~40대가 가세하면서 오피스텔 수요는 지속적으로 증가하고 있다. 국토해양부에 따르면 2010년 전체 가구의 22%가량을 차지하는 1~2인 가구 비율은 오는 2020년 47.1%, 2030년 51.8%까지 급증할 전망이다.

또 적은 비용으로 투자가 가능하다는 점도 매력적이다. 여유로운 삶을 바라는 30~40대에게는 제2의 월급통장으로서 역할을 하고 있으며, 은퇴를 앞둔 40~50대에게는 안정적인 노후를 위한 원동력으로, 이미 은퇴한 60대 이상의 고령에는 또 하나의 연금으로 그 역할을 해낼 수 있다.

오피스텔 투자는 적은 비용으로 큰 수익을 올리는 만큼 수익률도 높다. 부동산114의 조사에 따르면 오피스텔 임대수익률은 연 5~6%대 수준으로 연 3%대(1년 만기)에 불과한 은행예금보다 높다. 서울지역 임대수익률은 2011년 10월 기준 연 5.49% 수준이며, 동탄신도시 등은 7~8%의 수익률을 올리고 있다.

특히 전세가 폭등으로 국내에도 월세 문화가 점차 정착되고 있다는 점도 오피스텔 투자의 인기를 견인하고 있다. 최근에는 집에 대한 애착이 과거처럼 높지 않아서 부동산 매매 수익률이 떨어지는 가운데 거래량도 줄고 있다. 자연스레 전세는 반전서로, 반전세는 월세로 돌리려는 심리가 강해질 것이다. 이런 상황은 오피스텔이 반사이익을 누릴 수 있는 재료다.

결국 아파트보다 낮은 투자비용으로 은행 예금이자보다 큰 수익을 매월 안정적으로 받을 수 있다는 점에서 오피스텔은 대안 투자처로 인기를 끌고 있고 앞으로 전망도 밝다. 하지만 모든 투자에는 위험이 따르기 마련이다. 이 때문에 다음과 같은 사항은 꼭 체크해야 한다.

◆ 안정적인 임대소득을 목표로 삼자

오피스텔 투자는 기본적으로 매월 임대수익을 받는 데 목표를 두

자. 이왕 구입한 오피스텔의 가격이 오르면 더욱 좋겠지만, 오피스텔은 일반 아파트에 비해 시세 변동폭이 낮아 매매를 통한 단기간 시세차익을 거두기 어렵다. 또 요즘 같은 부동산 경기에 가격 상승을 기대하는 것도 무리다.

◆ 세금을 꼼꼼히 따지자

오피스텔 투자는 매력적이지만 주거용이냐, 업무용이냐에 따라 세제 적용이 크게 달라지기 때문에 본인에 유리한 쪽으로 따져봐야 할 것들이 많다. 오피스텔은 기본적으로 취득세, 등록세 감면대상이 아니다. 매매가격의 4.6%를 세금으로 내야 하며 매년 재산세도 납부해야 한다.

특히 주거용인지, 단순 업무용인지 판정 여부가 중요하다. 주거용과 업무용 오피스텔은 보유하고 있을 때, 그리고 매도할 때 모두 각기 다른 세제가 적용된다.

주거용 오피스텔은 다른 주택과 같이 재산세와 종합부동산세를 모두 내야 한다. 업무용인 경우는 종합부동산 과세 대상에서 제외된다.

또 오피스텔을 월세 형태로 임대할 때도 주거용이냐, 업무용이냐에 따라 소득세가 다르다. 다른 주택 없이 주거용 오피스텔(기준시가 9억 원 이상 고가 오피스텔 제외)만 보유하고 있다면 소득세 과세 대상에서 제외된다. 하지만 업무용의 경우 임대소득에 과세된다. 이와 함께 매도 시에도 용도에 따라서도 세금이 달리 적용된다.

주거용 오피스텔은 주택으로 간주돼 기존 주택이 있는 사람이 주거용 오피스텔을 소유하면 1가구 2주택자가 되어 양도세 부담이 커진다.

주거용 오피스텔을 3년 이상 보유하고 다른 주택이 없다면 1가구 1주택 양도세 비과세 요건에 해당하지만 오피스텔을 포함해 2주택을 갖게 되면 다주택자 양도세 중과에 해당된다.

오피스텔을 주거용과 업무용으로 나누는 기준은 비교적 단순하다. 통상 오피스텔에 주민등록이 이전돼 있으면 주택으로 본다. 단순히 업무용으로 사용할 때는 주민등록을 옮기지 않기 때문이다.

또 미성년인 자녀와 함께 사는 경우도 주택으로 본다. 자녀들과 함께 생활하는 오피스텔을 업무용으로 보기 어렵기 때문이다. 아울러 전기·전화료·공과금 영수증 등도 판단기준이 될 수 있다.

◆ 오피스텔 메리트, 아파트와는 반대다

오피스텔 투자의 원칙은 역세권·소형·저층부 공략이다. 아파트 투자와는 반대다.

오피스텔의 주요 수요층은 싱글족이나 미혼 직장인, 학생 등 나홀로

[표 2] 연령별 1인 가구의 점유 형태

%	20세 미만	20대	30대	40대	50대	60세 이상
자가	4.1	6.0	15.6	22.1	34.7	60.2
전세	10.7	24.2	30.5	23.5	19.4	16.1
월세	72.4	62.3	48.4	46.7	37.7	18.1
사글세	10.8	4.7	1.3	3.1	3.5	2.3
무상	2.0	2.8	3.3	4.6	4.8	3.5

자료: 통계청(2011), 인구주택총조사 전수집계 결과

가구가 대부분이라 역세권 소형 오피스텔이 인기가 좋다. 유동인구가 많고 접근성이 뛰어난 곳일수록 임대가 잘 되는 것은 분명하다.

예컨대 신촌·강남·여의도 등 2~9호선 라인이나 광화문·종로·동대문 등 5호선 라인은 상시 임대수요가 많아 공실이 생길 일이 없다. 또 임대목적으로 오피스텔을 구입할 것이라면 저층부가 유리하다. 고층은 조망권 등의 이유로 매매가는 비싸지만 임대료는 저층과 큰 차이가 없다. 오히려 이동의 용이성 등으로 저층을 선호하는 경향도 강하다. 출퇴근 시간에 쫓기는 바쁜 싱글족의 특징을 감안하면 이는 당연한 것이다. 고층빌딩 상층부에서 근무하는 직장인들이 점심시간 때마다 엘레베이터 곤혹을 치르는 것과 같은 이유다.

■ 오피스텔 투자 "이것만은 주의하자" ■

오피스텔 투자에 많은 관심이 모이면서 과열 양상이 나타나 가격이 이상 급등하고 있고, 일부 입지선택 실패에 따른 손실이나 사기분양 등이 발생하고 있어 조심스러운 접근이 필요하다.

부동산114에 따르면 2007년 12월부터 2012년 8월까지 서울 등 수도권 소재 오피스텔 평균 매매가를 면적별로 분석한 결과, 전용 60㎡ 이하 소형이 3.3㎡당 1,448만 원으로 중형(60~85㎡, 1,350만 원)을 웃돌았다. 소형의 평당 매매가는 1,107만 원(2007년 12월)에서 1,448만 원으로 341만 원가량 상승했다. 가파른 상승세를 보이면서 2010년 이후부터는 중형 매매가를 역전했고 85㎡ 초과 대형과는 5년 전 439만 원에서 현재 33만 원으로 격차가 크게 줄었다. 매월 안정적인 임대수익을 받기 위해 소형 오피스텔에 돈이 몰리다 보니 발생한 현상이다. 특히 소형 오피스텔의 평당 가격은 소형아파트(1,363만 원)나 중형아파트(1,418만 원)보다도 20~70만 원이나 더 비싸졌다.

가격이 오르다 보니 오피스텔 청약 경쟁률은 여전히 높지만 계약률이 기대에 못 미친다. 일단 최근 2~3년간 공급이 급증하면서 공급량이 늘어난 것도 있지만, 분양가가 부쩍 오른 것도 주요 원인으로 꼽힌다. 이런 이유로 인기지역을 중심으로 매매값(분양가)이 부쩍 높아지면서 수익률은 하락하고 있다. 임대료는 큰 변동이 없지만 투자원금이 커져 투자자의 부담이 커졌기 때문이다. KB금융지주경영연구소가 서울 25개 구의 오피스텔 투자수익률(2012년 1~6월 평균 임대수익률을 연단위로 환산해 계산)을 조사한 결과 인기지역인 강남구(5.2%), 송파구(5.1%), 용산구(4.7%) 등은 예상 수익률을 밑돌았다. 금리상승과 세금 등을 감안하면 은행 예금금리에도 못 미치는 수준이다.

이 때문에 새 오피스텔을 분양받는다면 인근의 기존 오피스텔 매매값과 비교해보고 결정해야 한다. 통상 새 오피스텔의 경우 인근의 기존 오피스텔보다 월세는 5만 원밖에 높지 않지만 매매가는 1.2~1.5배가량 비싸다. 이 때문에 새 오피스텔과 기존 오피스텔, 어느 곳에 투자할지는 투자원금과 월세 상승률 등을 고려해야 한다.

또 오피스텔의 가격 하락도 주의해야 한다. 2013년까지 입주와 준공이 예정된 오피스텔과 다세대주택은 14만 호인 반면 같은 기간 오피스텔의 주된 수요층인 20~30대 1~2인 가구의 수는 6만 5,000가구 정도 늘어날 것으로 보인다. 수요에 비해 공급이 훨씬 많다는 뜻으로, 자칫 오피스텔 가격 하락으로 이어질 수 있다. 다만 생활이 편리하고 교통입지가 좋다면 가격 하락 가능성이 낮은 만큼 수요가 지속적으로 몰리는 강남과 마포 등지를 중심으로 가격 수준과 입지조건 등을 잘 따져 매입할 필요가 있다.

상가 투자도 뜨고 있다

오피스텔과 마찬가지로 상가 투자 역시 주택시장 침체 속에서 최근 2~3년 새로 부상한 투자처다. 상가는 주택처럼 매각 수익을 올릴 수 있고, 임대를 통해 매달 고정수입을 벌 수 있다. 다만 꾸준한 임차인 확보와 매매차익을 올리기 위해 시세 변화에도 신경을 써야 하는 등 변수가 많다는 점은 유념해야 한다.

◆ 역세권 근린상가를 노리자

역세권 근린상가는 생필품을 취급하는 업종이 주로 들어서기 때문에 비교적 경기의 영향을 적게 받는다는 것이 장점이다. 근린상가 주요 업종은 슈퍼마켓 등 생필품 매장을 비롯해 식당·학원·병원·미장원 등이다. 사업장 이전도 잦지 않아 고정적인 임대수익도 올릴 수 있다.

특히 주거지역이나 업무시설이 밀집한 역세권에 위치해 있다면 안전성과 투자가치 측면에서 더욱 매력적이다. 역세권 상가는 유동인구의 이점을 볼 수 있고, 현금동원력이 좋은 우량업종이 입점할 가능성이 높다.

역세권 근린상가에 투자하기 위해서 가장 먼저 해야 할 일은 동선과 주위 교통 환경을 체크하는 일이다. 단지 내 상가와 달리 배후수요가 넉넉지 않아 유동인구를 얼마나 잡느냐가 관건이다. 특히 지하철역, 버스정류장 등이 위치한 역세권의 경우 유동인구가 많다는 점에서 항상 주목해봐야 한다. 다만 해당 지역에서 도보 혹은 자동차로 10분 이내에 대형마트가 있다면 투자를 재고할 필요가 있다. 경쟁력이 떨어지기 때문이다.

통상 상가 투자는 5억~30억 원을 투자할 경우 연 4~7%의 수익률을 올리며, 역세권 상가의 경우 추가 수익을 기대해볼 수 있다.

◆ 눈에 자주 띄고 발이 닿기 쉬운 곳을 선점하라

일반 투자자들은 대개 아파트 단지 내 상가에 관심을 갖는다. 상가 가치를 매길 때 가장 중요하게 보는 점은 배후수요인데, 단지 거주자라는 확실한 배후가구를 갖추고 있기 때문이다.

우선 상가의 위치 선정이 단지 내 상가 투자의 절반 이상을 차지한다는 점을 명심해야 한다. 상가에 투자해 돈을 벌기 위해서는 상가가 아파트 주출입구에 위치해 있어야 한다는 이야기다. 대형 아파트 단지의 경우 상가가 여러 개가 있는데 만약 정문이나 후문이 아닌 다른 곳에 있다면 단지 내 상가로서 가치가 떨어진다. 단지 거주자의 눈에 잘 띄지 않고 접근성이 떨어지기 때문이다.

또 단지의 규모와 소득수준도 중요하다. 일단 최근 아파트 단지 내 상가 투자의 적정 단지 규모는 600가구 안팎으로 아파트 주택형은 작을수록 좋다. 입주민이 단지 안에 머무는 시간이 길수록 상권 형성에 유리하기 때문이다. 다만 소득 수준에 따라서 거주민의 소비력이 높다면 대형 평수의 아파트 단지도 좋으며 주로 부가가치 창출력이 높은 업종을 유치할 수 있는 상가를 접근하는 것이 좋다. 참고로 단지 내 상가에 입점할 수 있는 업종은 생활밀착형 업종으로 제한된다는 점은 알아두자. 대개 슈퍼마켓·제과점·부동산중개업소·문구점 등이다.

아울러 주변에 대형마트나 백화점이 있는지, 중심상권과의 거리가 얼마나 되는지도 꼼꼼히 살피자. 대형마트나 중심상권에서 멀면 멀수록 단지 내 상가 의존률이 높아 투자수익률이 높아질 수 있다. 공급점포 수와 인접상권과의 업종 중복 여부도 따져봐야 한다.

◆ '블루칩'으로 떠오른 아파트형 공장상가

최근 들어서는 아파트형 공장 내 상가가 블루칩으로 떠올랐다. 아직 많이 알려지지 않아 상대적으로 경쟁이 적고, 공장 내에서 독점권을 누릴 수 있다는 점이 가장 큰 메리트다.

수도권에 들어선 아파트형 공장은 대개 도시형 제조업종이나 지식산업, 연구개발업종이 주로 들어선다. 이 때문에 상가에는 주로 업무용 공간 계약률을 기초로 구내식당과 편의점, 문구점, 은행 등에 관심을 두는 것이 좋다. 아파트형 공장 상가는 입주자 대부분이 건물 내 상가를 이용하기 때문에 안정적인 배후수요가 보장된다.

아파트형 공장이 밀집해 있는 구로디지털단지의 경우 2010~2011년 통상 평(3.3㎡)당 1,600만~3,000만 원 선에서 거래가 이뤄지고 있고, 임대료는 1억 원에 월세 1,000만 원 안팎이다.

다만 아파트형 공장상가의 경우 입주 기업들 대부분이 중소기업이라 경기에 민감해 입주기업의 구매 수요가 취약해질 수 있다. 또 주중과 주말 건물 상주인구의 차이가 크기 때문에 요일별 매출이 달라질 수 있다는 점도 염두에 두어야 한다.

'매매수익 창출 개념'에서
'주거 개념'으로

희망을 갖고 두드려라

사회생활을 시작한 20~30대 직장인이라면 누구나 결혼과 육아, 내 집 마련의 꿈이 있을 것이다. 40대까지는 안정적인 수입이 있을 거라 생각하고 자신이 회사에서 일하면서 벌 수 있는 돈의 총액도 계산해봤을 것이다.

중소기업에 갓 입사한 대졸자들의 평균 연봉은 2,279만 원(2011년 기준) 수준이다. 대리와 과장, 차장을 거쳐 부장을 달며 20년 동안 근속할 경우 6억~8억 원 안팎의 근로소득을 받는다고 한다. 물론 임금상승률을 감안한 수치다. 20년 동안 돈 한 푼 쓰지 않고 모아봐야, 강남 지역의 30평형대 신축 아파트에 '전세'로 입주할 수 있는 돈이 모일 것이다. 대기업의 대졸 초임은 3,473만 원으로 다소 높으니 대기업 종사자는 상황이 좀 나을 수도 있다.

굳이 강남이 아니더라도, 내 집 마련은 녹록치 않은 일이다. 판교·분당·수지·구갈·동백·동탄 등으로 이어지는 경기 남부라인의 부동산 가격도 이미 오를 대로 올랐다. 지역별로 다소 편차는 있지만 대개 30평형대의 경우 4억~6억 원은 있어야 살 수 있다.

경기 동부(하남·남양주·구리)와 북부(일산·의정부·양주), 서부(김포·부천) 등의 상황은 좀 낫지만 직장인들이 순수히 월급만으로 집을 사기는 버거운 수준이다. 물론 결혼해 맞벌이를 한다면 남들보다 빠른 시점에 내 집 마련의 꿈을 이룰 수도 있겠지만 말이다.

하지만 자기연민이나 자괴감에 빠질 필요는 없다. 미래는 바꿀 수 있는 것이고, 꼼꼼한 재테크 전략과 적절한 투자처를 찾아 승부를 건다면 당신도 충분히 자가(自家)를 마련할 수 있다.

그리고 꼭 집을 마련하겠다는 마음가짐을 갖고 접근하자. 재테크도 잘 먹고 잘 살기 위해 하는 것이다. 삶의 질과 안정적인 노후를 위해서라면 자기 소유의 집은 꼭 있어야 한다는 생각을 갖도록 하자. 본격적인 재테크는 집을 마련한 뒤부터라고 생각해도 좋다. 자기 집은 재테크 성공을 위한 일종의 안전판이자 디딤판이며 도약대이기도 하기 때문이다. 60세에 은퇴하고 100세까지 산다고 했을 때 40년간의 노년기를 어디에서 보낼지는 투자자들의 선택에 달렸다.

소형 주택부터 노려라

처음 집을 살 때부터 40평형대(132.23m²~) 이상의 대형 주택을 사는 사람은 없을 것이다. 일반 직장인들의 라이프 사이클과 구매력 등을 감안하면 최초 구매 주택은 대개 20~30평형대(66.12~99.17m²)가 대부분이다.

먼저 일단 소형 주택을 노리자. 소형 주택은 거래가 꾸준해 환금성이 좋다. 20~30대 때는 자신의 경제적 능력에 맞춰 현실적 크기의 집을 구매하는 것이 좋다. 자녀의 성장 등 라이프 사이클에 맞춰 큰 집으로 이사 갈 생각을 해서라도 매매가 용이해야 한다. 자녀교육 때문에 강남지역의 작은 평수로 이사를 갈 경우라도 소유주택은 팔아야 한다. 결국 앞으로 라이프 사이클의 변화에 따라 다른 크기의 주택이 필요한 만큼 탄력적으로 운용할 수 있는 작은 평수를 구매하자. 환금성

말고도 관리비, 광열비 등등, 종잣돈을 한 푼이라도 모아야 하는 당신에게 큰 집보다는 작은 집이 유리할 것이다. 소형 주택의 가격이 오르고 있는 점도 당신의 결정에 도움을 줄 수 있다. 일단 현재 소형 주택의 가격 상승률이 높고, 앞으로도 더 오를 가능성이 크기 때문이다.

소형 아파트 가격이 오르는 이유는 단순하다. 글로벌 금융위기 이후 실물경제 침체가 장기화하면서 실제로 부동산을 구매할 연령대인 20~40대의 주머니 사정이 악화됐기 때문이다. 부동산 버블이 여전한 상황에서 무리하게 대출을 받아 대형 아파트를 구매하기보다는 소형 아파트를 구매하자는 심리가 커졌다.

실제 소형 아파트 가격 상승률이 다형보다 컸다. 부동산114가 2006년부터 현재까지 재건축을 제외한 서울 아파트 가격 상승률을 조사한 결과 공급면적 20평형(66.12㎡) 미만 소형 아파트의 3.3㎡당 가격은 727만 원에서 1,290만 원으로 77.4% 뛰었다. 반면 공급면적 50평형(165㎡) 이상 대형 아파트의 3.3㎡당 가격은 2,453만 원에서 2,655만 원으로 8.2% 오르는 데 그쳤다. 20평형대(66.12~99.17m²) 미만은 42.1%, 30평형대(99.18~132.23㎡) 미만은 22.6%, 40평형대(132.24~165.29㎡) 미만은 10.0% 상승률을 보여 면적이 작을수록 상승률이 높았다.

아울러 작은 집이 세금 면에서도 유리하다. 국민주택규모(85㎡) 이상의 주택을 매매로 얻을 경우 세율은 2.7%이지만, 이하의 경우는 2.2%로 0.5%가량의 세금을 아낄 수 있다.

정책과 이슈에 주목하라

부동산에 투자하는 목적과 이유, 그리고 대상까지는 대략적인 그림이 나온다. 앞서 설명했듯 부동산 투자의 목적은 첫 번째 의식주라는 삶의 기본 원칙에 충실하고, 안정적인 삶의 영위를 위해서다. 두 번째는 이 자산을 통해 앞으로 자산 증식의 토대로 삼고 불확실한 미래를 대비하자는 데 있다.

그 시작으로는 소형 아파트가 유리하다. 처음 목표부터 도곡동 타워팰리스나 삼성동 아이파크를 정하는 것은 가능하지도 않을뿐더러 현실성도 없다. 현실성이 떨어지는 목표를 세우고 뛰다 보면 금세 지칠 것이다. 일단 본인의 환경에 충실하자. 본인의 선택지 중에서 최선을 선택하자. 그 과정을 지속하다 보면 한강이 보이는 고층 아파트에서 사는 날도 올 것이다.

이제 어느 지역에 투자할 것인지 따져봐야 한다. 어느 지역의 부동산 가격이 오를 것이냐. 이 질문에 관심이 없는 대한민국 국민은 아무도 없을 것이다. 하지만 이 질문에 대해 속 시원하게 대답해줄 수 있는 사람도 없다. 부동산 가격은 시장의 심리와 부동산 정책, 금융시장 등 전반적인 상황과 맞물려 있다. 과거 정부 정책만 미리 알면 됐던 것과 비교하면 상당히 까다로워졌다.

주택 구입의 선택 기준은 굉장히 주관적이다. 회사와의 거리, 출퇴근 시간 등 입지조건이 중요하게 고려돼야 하며 자녀의 교육, 부모님과의 거리 등도 따져봐야 한다. 이 때문에 본인이 들어갈 수 있는 지역을 정하고 장단점을 비교해봐야 한다.

부동산114의 조사 결과 소형 아파트 가격 상승세를 개별 단지별로 따져보면 주로 강남의 빛에 가려 소외됐던 지역, 그중에서도 지하철 권역이 많이 올랐다.

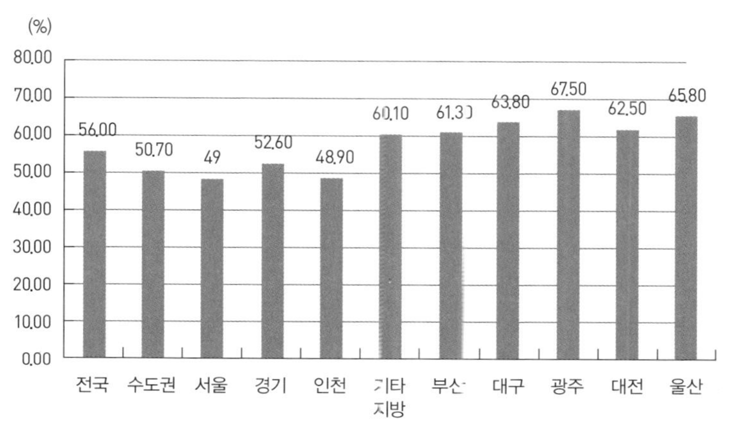

2006년부터 2011년까지 아파트 가격 상승률을 따져보면 도봉구 창동 소재 상계주공18단지 42㎡가 5,250만 원에서 1억 4,500만 원으로 올라 가장 높은 176.19%의 상승률을 보였다. 이어 노원구 상계동 주공7단지 59㎡(8,850만 원→2억 3,250만 원), 강북구 번동 주공1단지 56㎡(8,000만 원→1억 9,500만 원), 서대문구 북아현동 삼익 36㎡(9,000만 원→2억 500만 원) 순으로 많이 올랐다.

반면 이미 가격이 오를 대로 올라버린 강남과 목동·송파·용산 등은 대부분 하락했다. 강남구 개포동 개포자이 181㎡는 21억 7,500만 원에서 15억 2,500만 원으로 같은 기간 29.89% 하락했다. 양천구 신정동 목동신시가지 13단지 181㎡(19억 원→14억 2,500만 원), 송파구 송파동 삼성래미안 188㎡(16억 원→12억 2,500만 원), 용산구 한남동 현대하이페리온1 241㎡(26억→21억 5,000만 원) 순으로 하락폭이 컸다. 이왕 집을 살 거라면 이미 많은 오른 지역보다 앞으로 오를 지역을 선택하자.

또 이슈가 있는 곳은 오른다. 지하철이 뚫리거나 재건축 가능성이 높은 지역의 아파트에는 관심을 가져보자. 이슈가 있는 지역의 아파트 가격은 하락보다 상승 가능성이 높기 마련이다.

부동산포털 닥터아파트에 따르면 2011년 4월 19일 현재 강남권 재건축아파트 시가총액은 79조 3,174억 원으로 지난해 4월 80조 8,870억 원보다 1조 5,696억 원 감소했다. 지역별로는 8,614억 원이 감소한 강남구의 하락폭이 가장 컸고, 송파구(7,783억 원 감소), 강동구(4,054억 원 감소) 등이 뒤를 이었다.

반면 서초구 재건축 아파트는 반포동 주공1단지와 한신1차가 상승세를 타면서 시가총액이 지난 2010년 24조 3,318억 원에서 24조 8,071억 원으로 4,753억 원 올랐다. 서초 지역이 오른 것은 지하철 9호선 개통 호재와 한강르네상스 사업이 맞물렸기 때문이다.

다만 부동산 가격 상승 이슈를 잘 선택하는 혜안은 필요하다. 예컨대 10·26 서울시장 선거 당시 이명박 대통령의 내곡동 사저 구입 문제가 논란이 됐다. 이 대통령의 퇴임 후 사저가 내곡동에 들어선다는 소식에 당시 인근 부동산에는 땅과 주택을 알아보려는 사람들로 북적였다. 하지만 애석하게도 전직 대통령 사저는 집값 상승과는 크게 상관이 없다.

김대중 전 대통령의 사저가 있는 동교동의 경우 집값은 평당 3,500만 원 수준으로 2분 거리의 서교동 일대에 비해 평당 500만 원가량 낮다. 김영삼 전 대통령이 사는 상도동은 평당 1,450만 원으로 인근 지역 땅값과 별반 차이가 없다. 통상 대통령 사저 인근은 다세대 주택가인 데다 상가가 쉽게 들어오지 못하는 등 접근과 개발에 어려움이 많아 집값이 잘 오르지 않는다.

현명하게 대출 받는 법

집을 구매하기 위해서는 적지 않은 돈이 들어간다. 차곡차곡 모은 돈만으로 단기간에 내 집을 마련하기란 한계가 있다. 이 때문에 구입할 주택을 담보로 은행으로부터 대출을 받아 집값에 보태는 것은 어찌 보면 지극히 당연한 일이다. 20~30대의 구매력이 줄어들면서 내 집 마련이 갈수록 어려워지자 금융지원이 더욱 중요해졌다.

한국주택금융공사의 조사에 따르면 2012년 6월 말 주택구입능력지수(K-HAI)는 전국 평균 70.1로 3월 말의 66.8에 비해 3.3포인트 상승했다. 이 수치가 높으면 주택구입 부담이 크고, 낮으면 주택구입 부담이 줄어드는 것을 뜻한다. 일반 직장인들이 돈을 벌어 집을 사기에는 여전히 버겁다. 주택 가격의 단계적 하락과 저금리 기조로 이자부담은 축소됐지만 주택 가격의 수준 자체가 너무 높다. 주머니 사정이 팍팍해져 집 사기가 더 어려워진 만큼 대출도 똑똑하게 받아 비용을 아낄 필요가 높아졌다. 금리는 시중은행이라면 대동소이하다. 우리가 덕을 볼 수 있는 것은 정부가 운영하는 서민주거안정 제도다.

우선 주택금융공사가 제공하는 U보금자리론이 좋은 대안이 될 수 있다. 이 상품은 장기고정금리 상품으로 대출만기일까지 대출금리가 고정되는 장기고정금리 상품이다. 앞으로 금리인상이 예상될 경우 이 상품을 이용하면 유리하다.

시중은행이 판매하는 코픽스 기준 대출에도 고정금리 상품이 있지

[표 3] U-보금자리론 대출금리　　　　　　　　　　　　　　　　　　(2012년 10월 기준)

상품별·만기				10년	15년	20년	30년
기본형	주택 가격 9억 원 이하 (대출한도 5억 원, 연소득 제한 없음)			4.20%	4.30%	4.40%	4.45%
우대형	무주택자, 전용면적 85㎡ 이하	주택 가격 3억 원 이하 (대출한도 1억 원)	부부합산 연소득 1,600만 원 이하	3.20%	3.30%	3.40%	–
			1,600만 원 초과 ~2,000만 원 이하	3.45%	3.55%	3.65%	–
			2,000만 원 초과 ~2,500만 원 이하	3.70%	3.80%	3.90%	–
		주택 가격 6억 원 이하 (대출한도 2억 원)	2,500만 원 초과 ~5,000만 원 이하	3.70%	3.80%	3.90%	3.95%

자료: 주택금융공사

만 만기가 3~5년 정도로 짧은 반면 U보금자리론은 주택담보가치의 70%(최대금액 5억) 한도 내에서 10·15·20·30년 등으로 만기가 길다.

2012년 10월 현재 금리는 연 4.2%(10년 만기 기준)로 부부 합산 연소득이 2,000만~2,500만 원이면 3.7%, 1,600만~2,000만 원 3.45%, 1,600만 원 이하라면 3.20% 등으로 소득 수준에 따라 금리 혜택도 있다. 대출 대상은 20세 이상 70세 이하의 무주택자 또는 주택취득 15년 이내인 1주택자이다. 시장금리 하락 시 유리한 설계형과 신규 분양하는 아파트중도금 납부를 위한 연계형 상품도 있어 본인의 상황에 맞춰 이용하면 된다.

무주택자가 처음으로 집을 살 때 정부가 빌려주는 생애최초 주택구입자금 대출 제도도 있다. 이 대출은 부부합산 연소득이 5,000만 원

이하인 무주택 가구가 집을 처음으로 살 때 전용면적 85㎡ 이하, 6억 원 이하(투기지역 제외)의 주택에 한해 가구당 2억 원까지 빌려준다. 금리는 2012년 10월 현재 연 4.2%(변동금리)로 은행 주택담보대출보다 저렴하며, 만 28세 미만 자녀가 3명 이상인 경우는 연 3.2%로 금리 우대 혜택도 적용된다. 다만 이용자가 크게 늘면서 한도가 모두 소진돼 2012년 중에는 신청을 할 수 없다. 2013년부터는 기금을 증액해 새로 신청을 받는다.

시중은행의 주택대출을 이용한다면 양도성예금증서(CD)·신규 코픽스·잔액 코픽스 등 세 가지 연동 대출 방식이 있다. CD 연동 대출은 은행이 발행하는 CD 금리에 따라 금리가 바뀌는 상품이고, 코픽스 연동 대출은 은행연합회가 매월 발표하는 코픽스 기준금리에 따라 변동된다. 신규 코픽스의 경우 은행들이 최근 한 달간의 조달 비용을 기반으로 결정되고, 잔액 코픽스는 은행들이 지금까지 조달해 놓은 자금의 비용을 누적 적용한다. 이 때문에 잔액 코픽스는 최근 금리변동에 영향을 적게 받는 반면 신규 코픽스는 민감하다.

결국 금리 인상기에는 잔액 기준 코픽스 연동 대출을, 그 반대 상황이라면 신규 기준 코픽스 연동 대출을 받는 것이 좋다.

대출액은 주택 시세의 30~40%가 적당

대출을 받다 보면 어느 순간 내 돈처럼 느껴져 본인이 지고 있는 빚의 무게를 망각할 때가 있다. 대출은 재테크의 약이 될 수도, 독이 될 수도 있는 양날의 검과도 같다. 경계심을 늦추지 말자. 조언하고 싶은 것은 무리한 대출은 삼가라는 것이다. 온 국민이 빚을 내 돈처럼 사용

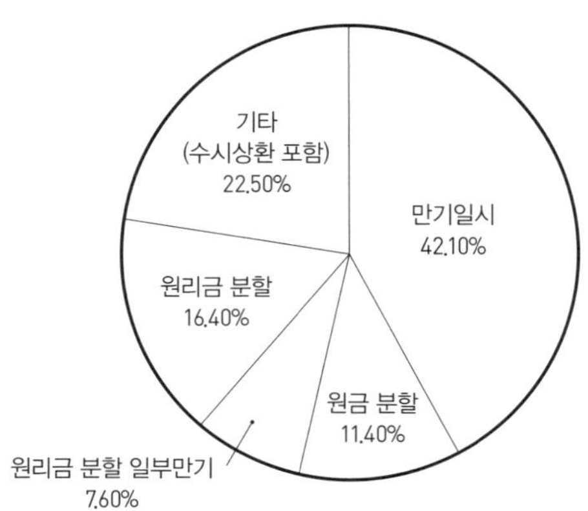

자료: 통계청, '2010년 가계금융조사'

하다 2003년 신용카드 사태가 터졌다.

우선 대출은 구매한 주택 시세의 30~40% 이상은 받지 말도록 하자. 부동산 경기가 좋았을 때는 대출금리보다 부동산 가격 상승이 더욱 가팔랐기 때문에 무리해서 큰 대출을 받아 투자해도 손해를 보지 않았다. 집값이 하루가 다르게 올랐기 때문에 어찌 보면 무리를 해서라도 대출을 받아 부동산에 투자하는 것이 합리적인 판단이었다.

하지만 과거와 같은 부동산 가격 급등은 더 이상 기대하기 어렵다. 지금처럼 부동산시장이 안정기에 접어든 시점에는 대출도 보수적으로 접근해야 한다. 지금이 저금리 시기이기 때문에 당장은 큰 부담이 안 될 수 있어도 앞으로 본격적인 금리 인상 시기에 접어든다면 거액의 대출은 이자 상환에 큰 부담이 될 수 있다.

또 주택을 구매하는 데 한 번 은행 빚을 이용한 경우, 100% 상환하기 전까지는 추가 대출, 혹은 다음 부동산 투자는 삼가는 것이 좋다. 재차, 삼차 강조하지만 부동산은 이제 찬란한 내일을 기대하기 어려운 시장이다. 무리한 투자는 금물이다. 이 때문에 대출을 받았다면, 일단 차근차근 대출금부터 갚으면서 다음 부동산 재테크 전략을 짜는 것이 좋다. 조급해할 필요는 없다. 빚을 모두 갚고 실탄이 어느 정도 확보됐다면, 그리고 본인 스스로 확신이 들었다면 다음 부동산 투자에 나서자. 재테크에 있어 조바심은 절대 금물이다.

2장
주식

대형주에 주목하고
보수적으로 접근하라

개인 투자자에게 불리한
＿＿＿ 롤러코스터 장세

코스피지수가 이처럼 역동적인 흐름을 보였던 적이 있었는가. 최근 2~3년 이처럼 오랜 기간 일정 방향성 없이 출렁였던 적이 있었는가. 60년 역사의 대한민국 유가증권시장은 글로벌 금융위기 이후부터 이전에는 볼 수 없었던 새로운 패턴과 독특한 흐름을 보여주고 있다. 글로벌 금융위기 이후 국내 증시는 '롤러코스터'와 '방향성 상실'로 설명할 수 있다. 등락의 기울기나 폭·길이 면에서 역대 최고 수준을 기록하고 있으며 증시 등락도 방향성 없이 단발 이슈에 의존, 지수 그래프는 연체동물의 다리처럼 흐느적거리고 있다.

코스피의 일중 등락폭을 살펴보면 2011년 1월 초부터 2012년 9월 말까지는 19.98포인트로, 지난 10년 평균(2002년 1월 초~2010년 12월 말, 14.38포인트)보다 5.6포인트나 높다. 글로벌 금융위기로 주식시장이 요동치던 3~4년 전과 비교해도 6포인트가량 확대됐다. 지수의 수준 자체가 올라 등락폭 역시 커졌다고 해석할 수 있으나, 평균 등락률도 1.04%로 역대 최고 수준이라 변동성이 커졌음은 부정할 수 없다.

하지만 흐름 자체는 지루하다. 장기불황의 지속으로 인해 위험자산에 대한 매력이 상실되면서 특정한 방향성 없이 스릴감 없는 롤러코스

[표 1] **기간별 일중 코스피 등락폭 및 거래량**

기간	등락폭	거래량(주)	거래대금(백만 원)
2011년 1월 초~2012년 9월 말 (최근 1년 9개월)	19.98	416,660	6,061,183
2008년 9월 16일~2010년 12월 말 (글로벌 위기)	16.56	440,808	5,694,310
2009년 9월 초~2010년 9월 말 (글로벌 위기 진정기)	13.38	370,430	5,206,993
2002년 1월 초~2011년 12월 말 (최근 10년간)	14.38	445,253	4,314,703

터처럼 공중을 떠다닐 뿐이다.

주가가 방향성 없이 요동치기만 하는 이유는 뭘까. 간단하게 설명하면 시장에 돈은 넘치는데, 모멘텀은 실종됐기 때문이다. 주가가 오르든 떨어지든 모멘텀이 있어야 일정 방향으로 움직일 텐데 현재 글로벌 경제에서 그만한 재료를 찾아보는 것은 쉽지 않다. 증시가 글로벌 경제에 상하방 리스크가 상존하는 상황이라 국내외 단발성 이슈에 민감하게 반응하고 있는 것이다.

원인을 조금 더 구체적으로 살펴보자. 미국·유럽 등 주요국들은 2009년 하반기부터 금융위기가 진정 국면에 들어섰다고 판단하고, 출구전략 마련에 부심했다. 경제 상황이 조금 나은 신흥국들은 위기 해결 기대감에 기준금리를 올리는 등 통화량 조절에 나섰다. 하지만 바로 1년 뒤인 2010년 하반기 들어 미국 등 선진국의 실물경기 악화와 유럽 재정위기란 악재가 잇따라 터지자 경기판단에 혼란이 왔다. 주요국들은 경기경색의 원인을 달러화 기축통화 체제, 미국의 쌍둥이 적자, 유럽지역의 높은 신용등급 및 과도한 레버리지 등으로 진단했다.

선진국들은 이 문제 해결을 위해 다방면으로 노력했으나, 자국의 글로벌 금융패권을 포기하지 않는 이상 문제를 해결할 수 없다는 우울한 결론만 얻은 채 해결에 난항을 겪고 있다. 상황이 이렇다 보니 주식시장에는 '악재가 모두 나왔으니 오른다'는 상승심리와 '아직 문제 해결이 안 됐으니 불안하다'는 하락심리가 혼재되며 모멘텀을 상실한 실정이다. 달리 말하면 글로벌 시장에 현 경제시스템의 부작용 등 각종 문제와 악재가 드러났지만 이를 해결할 뾰족한 방법을 찾지 못하고 있는 것이다. 이런 가운데 대량으로 풀린 글로벌 유동성이 단기이슈를 쫓아다니며 주식시장을 들었다 놨다 하고 있다.

그렇다고 방향성이 아예 상실된 것은 아니다. 일단 중장기적인 관점에서 증시는 완만하게 상승하고 있다. 전 세계에 꾸준히 풀리고 있는 유동성이 주식시장에 유입되며 상승국면을 만들어내고 있는 것이다. 그렇지만 유목민처럼 떠돌아다니는 유동성은 주식 등 여러 금융자산을 방황하면서 증시의 변동성을 키우는 원인이 됐다. 특히 실물경제 회복이 견조한 한국이나 중국·인도·인도네시아·호주 등 이머징마켓은 더욱 심하다.

서해바다 조류처럼 물밀듯이 들어왔다 썰물처럼 빠져나가는 이 자금은 현재 글로벌 경기침체 및 유럽 재정위기 해결을 위한 국제공조 및 대책 마련 등 단발성 이슈에 움직이고 있다.

다만 문제 해결을 위해 제기되는 각종 대책들이 근본적인 문제 해결 방법은 안 된다는 점에서 주식시장에 쏠린 자금도 오래 머무르지 않는다. 오히려 유럽공조 등의 이슈를 통해 단기 차익을 올리려는 심리가 더욱 강하다. 이는 한국을 비롯해 글로벌 증시의 변동성을 키운 가장 근본적인 원인이다. 증권사들이 지난 2~3년 동안 일일 증시를 전망하면서 '유럽·글로벌 공조'란 표현을 자주 사용한 것도 이 때문이다.

위험자산으로 분류되는 주식시장에 리스크가 더욱 증가하며 개인의 투자 위험도는 더욱 커졌다. 스릴을 즐기는 투자자라면 아마도 최근과 같은 장세에서 돈을 잃을 걱정보다는 오히려 큰돈을 벌 수도 있다고 기대할 것이다. 하지만 주식은 개인에게는 절대적으로 불리한 시장이다. 많은 사람들이 주지하듯이, 주식시장은 기관·외국인 등 대형 투자주체에 의해 판세가 결정되기 일쑤다. 앞서 표1에서 보듯 증시변동폭과 거래대금은 크게 늘었는데 오히려 거래량은 최저 수준으로 떨어지고 있다. 이는 주요 투자주체들이 리스크를 최소화하기 위해 주로 대형주를 중심으로 거래했다는 의미다. 자본력이 뒷받침되는 외국인·기관의 증시 영향력이 더욱 커졌다는 뜻으로도 해석이 가능하다. 결국 최근의 '주식전쟁'은 소총(소자본)보다 대포(대규모 자금)로 싸우는 대형 투자자에게 유리해졌음을 시사한다. 이는 개인 투자자가 돈을 벌 가능성보다 잃을 가능성이 더욱 커졌음을 뜻한다.

금융의 변화를 알면
＿＿＿ 위기에도 기회가 있다

앞으로 주식시장의 변화를 예측하기 위해 금융시장의 흐름과 주식시장의 상관관계를 먼저 이해할 필요가 있다. 그리고 현재 글로벌 경기의 수준과 방향성에 대해서도 알아두어야 한다. 앞서 설명했듯 주식은 개인에게 불리한 시장으로 변모했다. 주식은 '정글의 법칙'이 준용되는 시장이다. 경험이 적거나 힘이 없다고 가산점을 주거나 룰을 모른다고 아이들 놀이처럼 '깍두기' 대접을 해주는 곳이 아니다. 스스로 똑똑해질 필요가 있다는 것이다. 게임에 참가하기 전에 경기변동에 따른 주식시장의 반응, 특히 주요 주체인 기관과 외국인 자금의 향방을 읽을 수 있어야만 잃지 않는 투자, 돈 버는 재테크가 가능하다.

주식시장은 통상 경기에 선행한다. 주가지수는 실물경제에 앞서 오르고, 경기 둔화조짐이 나타나면 실물보다 빠르게 자금이 빠지며 먼저 하락하는 경향이 강하다. 통상 주가지수는 실물경제 성장(하락)보다 3~6개월 정도 먼저 움직인다. 실제로 2005년 3월의 주가지수를 살펴보면 같은 해 2~3분기의 경제성장률을 미리 반영했다. 주가지수가 상승하면 소비가 증가하는 등 다음 분기에 실물경제 성장률이 더욱 높아지며, 주가지수가 상당기간 추가로 상승한다.

주식시장과 실물경제의 상관관계를 살펴보면 주가지수의 상승은 실물경제의 성장을 견인하고, 실물경제의 성장은 주가지수의 추가 상승으로 이어진다. 하지만 실물경제가 주가지수의 상승속도를 따라가지 못하면 투기세력이 시장을 이탈하는 과정에서 주가지수는 하락 압력을 받으면서 실물경제에 충격을 준다. 그리고 다시 실물경제 위축으로 주가지수도 한동안 추가 하락하게 된다.

이 같은 현상을 염두에 두고 투자주체별 손익을 따져 보면 기관과 외국인의 경우 개인보다 정보력과 분석력 부분에서 우위에 있기 때문에 실물경제의 흐름보다 앞서 자금을 움직이며 지수 변동을 이끌 수

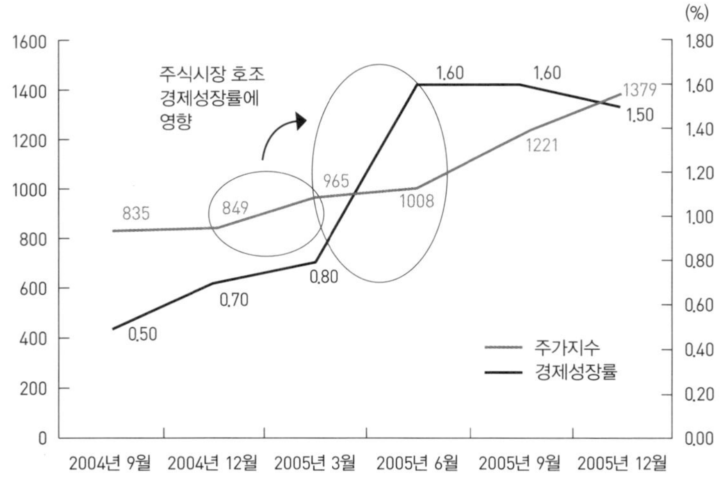

있어 개인 투자자들에 비해 돈을 잃을 가능성이 낮다. 이에 비해 개인
은 경제지표 변화나 기관·외국인 자금의 이동을 확인한 뒤 움직이기
때문에 돈을 잃을 가능성이 높다. 결국 주가지수의 상승(하락)은 시장
주도세력에 의해 1차 변동하고, 개인의 이동에 2차 변동하며, 경제주
체들의 심리 변화로 3차 변동하는 식으로 움직이며, 이런 움직임에 따
른 '득'은 대형 주체가, '실'은 개인 투자자가 지는 경우가 많다.

하지만 금융시장의 변화와 돈의 흐름, 앞으로의 변화 등에 촉각을
세운다면 돈을 벌 수 있는 기회는 있다. 지난 2009년 초 금융시장 경
색으로 원화값이 급락하자 엔화대출을 받았던 자영업자들은 엔화가
치 상승으로 큰 손해를 봤다. 이들은 은행들의 불완전판매로 손해를
봤으니 불어난 대출원금을 줄여달라고 한국은행과 금융감독원 앞에

서 시위를 벌였다. 이들 중에는 이자가 낮은 엔화대출을 받아 주식 투
자에 나섰다 큰 손해를 본 사람도 있었다. 주가와 원화값이 동반 하락
했으니 이중으로 손해를 본 것이다. 이와는 반대로 일부 투자자들 가
운데는 2008년 금융위기 발생 직전 오를 대로 오른 주식을 처분하고
외화예금에 가입해 상당한 수익을 올린 이들도 있었다. 2009년 초 환
율이 50% 이상 급등하면서 예금원금이 크게 늘어난 것이다. 결국 금
융시장의 변동을 잘못 예측한 사람들은 적지 않은 손실을 입으며 시
위까지 나선 반면, 경기 흐름과 시스템을 알고 투자한 투자자들은 큰
이익을 거뒀다.

■ 주식시장의 변화에 따른 금융시장의 변화 ■

• 경기부양기 주식시장의 변화

경기가 침체돼 정부나 중앙은행이 이자율을 낮추는 등 유동성을 늘리
기 시작하면 저금리의 영향으로 시중 자금은 주식시장으로 이동한다.
또 기업들은 자금을 쉽게 확보할 수 있어 유상증자에 나선다. 금융비
용이 절감되다 보니 꾸준히 돈을 버는 기업이라면 이익이 증가한다. 당
연히 주식시장은 활기를 띄게 되고 외국인들도 주식 투자 규모를 점점
늘리며 환율은 안정되고 주가지수는 더욱 상승한다. 주식시장 대세론
이 굳혀지기 시작하면 개인 투자자들도 추격매수에 나서고 주가지수는
정점을 찍게 된다.

• 주식시장의 거품 붕괴와 금융시장의 변화

주식시장이 과열되면 거품 붕괴를 우려한 금융당국이 다시 이자율을

높여 유동성 회수에 나선다. 기준금리 상승으로 채권이자율 및 예금금리가 주가지수 상승률보다 높아지면 자연스레 자금은 주식시장에서 채권시장이나 은행으로 이동한다. 또 주가지수는 경기선행지수로 해석되기 때문에 투자자들은 주가지수 하락을 경기 악화로 판단하여 주식을 내다팔기 시작하며, 지수 하락은 가속도를 낸다. 상장기업의 자금 조달이 어려워지면서 선물환 매도 기업의 경우 환차손이 증가한다. 그러면 주가지수는 더욱 하락하고 환율은 더욱 상승한다. 결국 주가지수는 적정 수준 이하까지 큰 폭으로 떨어진다. 주가지수 하락기에 탈출 시기를 놓친 투자자들은 투자 손실을 입게 되고 이 소식이 전해지며 경제·소비심리가 위축, 상장기업의 영업실적이 악화된다.

2013년 증시, 하락보다는 상승에 무게

주식시장은 워낙 변동성이 크고 이슈에 민감하며 다양한 참여자들이 승부를 벌인다는 점에서 앞으로 3년 동안의 흐름을 정확하게 전망한다는 것은 사실상 불가능에 가깝다. '향후 증시가 어떤 흐름을 보일 것인가?' 이 질문에는 주식에 정통한 전문가들도 뾰족한 해답을 내놓지 못한다. 최근의 주식시장이 미국의 경기침체, 유로존 재정위기 등 통제가 불가능한 변수에 따라 움직이고 있기 때문이다. 하지만 과거 1~2년 전 주식시장의 변화 추이와 최근의 흐름을 통해 2013년 증시는 어느 정도 예측할 수 있으며, 주식 투자는 당분간 보수적인 관점으로 접근해야 한다는 교훈도 얻을 수 있다.

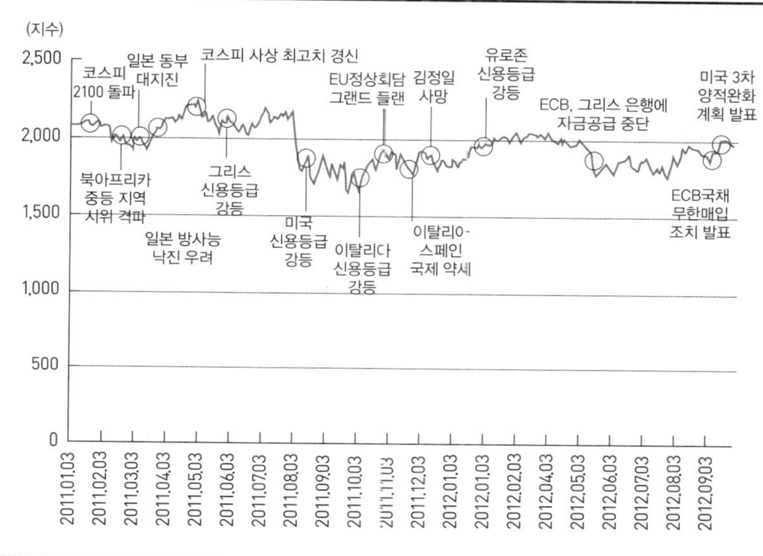

일단 2013년까지는 시장 상황이 좋지 않을 전망이다. 유럽발, 미국발 악재가 쏟아지며 2011년부터 지속되고 있는 변동성 장세가 2012년 들어 잦아든 모습이지만 시장에 실강감까지는 가시지 않은 상태로 최근 증시는 지루한 흐름을 보이고 있다. 일중 등락은 가파르게 진행되지만 시가와 종가는 큰 차이가 없을 정도로 시장의 심리는 팽팽하다.

하지만 미국의 3차 양적완화와 유럽의 국채 무한매입 조치, 미국 등 주요국의 대선정국 종료로 2013년도 경기부양 기대감이 덧대져 2013년 상반기는 좋은 흐름을 보일 것이란 관측이 높다. 특히 유럽 주요국들의 국채 만기가 집중돼 있던 2012년 상반기를 무사히 보냈고, 하반기 글로벌 공조와 정책적 지원이 이뤄지면서 상승의 조건은 충분히 갖춘 상황이다. 시장의 심리만 살아난다면 폭발력을 발휘할 수 있을 것이란 게 전문가들의 중론이다. 다만 아직 경기침체기를 지나고 있고, 시장 심리가 얼어붙은 상황이라 서로 눈치보기는 극심할 것이며 상승의 시점을 정확하게 맞추기는 쉽지 않을 전망이다.

미국, 유럽, 중국의 흐름

2013년 증시도 눈치보기 장세라는 큰 틀에서 벗어나지 못할 것이라는 관측이 높기 때문에 일단 정책변수에 초점을 맞추라는 것이 증권가 전문가들의 조언이다. 글로벌 환경이 더욱 악화될 가능성도 여전하기 때문에 국가 간 공조나 추기 부양책 등의 '글로벌 정책 이벤트'에 따른 주가 반응도 더욱 민감해질 것이란 전망에 의한 것이다.

실제로 지난 2008~2009년에는 미국연방준비은행의 양적완화 조치와 중국의 경기 부양책이 주가지수 상승을 이끌었고, 2010~2011년에는 미국의 2차 양적완화 조치와 유럽 재정위기에 대한 정책공조 및 중국의 긴축정책 등이 증시의 중요한 변곡점이 됐다. 2012년 9월 유럽중앙은행과 미국연방준비은행의 잇따른 국채무한매입 조치와 양과 시한을 정하지 않은 3차 양적완화 덕택에 코스피는 100포인트 가까이 올랐다. 글로벌 경기가 앞으로 1~2년 동안은 위축될 가능성이 높다는 큰 맥락에서, 이를 극복하기 위한 주요국의 정책적 대응을 주목해야 한다는 의미다.

그렇다면 앞으로 주요국의 경기 흐름과 정책 대응은 어떻게 이뤄질 것인가. 먼저 미국의 경우 경기 둔화 기조가 2012년 말에서 2013년 상반기까지 이어질 가능성이 크다. 일단은 세제 혜택과 재정지출도 축소될 수 있고 주택경기 침체가 장기화되고 있기 때문이다. 2013년 2분기부터는 고용이 회복되고 소비심리가 살아나는 등 3차 양적완화의 가시적인 성과가 나올 수 있으나, 아직 섣불리 예측할 상황은 아니다. 2012년 11월 미국 대선과 12월 한국 대선에서 당선된 새 대통령들이 기업경기를 활성화하는 정책을 낼 수도 있고, 반대로 포퓰리즘 차원에서 대기업 및 금융기관 옥죄기에 나설 수도 있다. 정책의 방향성 자체는 가늠하기 어렵지만 선거란 빅 이슈를 앞뒀기 때문에 시장의 예상보다 파급력이 큰 정책카드를 꺼내들 가능성이 높고 그에 따라 주가변동폭도 커질 수 있다.

암(재정부실)의 전이를 막기 위해 항암제(구제금융)를 쏟아 붓는 단계에 돌입한 유럽의 경우, 방법론적으로는 주치의(유로존 회원국)들 간의 협의는 끝났으나 처방 시기와 양을 두고 이견을 좁혀가는 과정이다. 현재 위기를 촉발한 그리스 국채의 신용등급이 최저 수준으로 떨어지는 등 재정 부문의 어려움은 지속되고 있고, 이탈리아 등 주변국의 위기도 지속되고 있으나, 일단 현재로서 최악의 시기는 지나간 것으로 보인다. 특히 남유럽 국가들의 위기는 안전자산 버블 등 유동성 위기, 위험자산 패닉 구도 등으로 비교적 단순해 극적 해결도 가능하다는 점에서 의외로 쉽게 처리될 가능성도 있다. 각종 위험들이 파국을 앞둔 상태에서 극적으로 봉합되고, 치료제가 제대로 효과를 발휘한다면 오히려 증시에 우호적인 결과를 낳을 수 있다.

중국 역시 경기 연착륙을 낙관하기 어렵다. 중국은 글로벌 위기 이후 지급준비율을 올리고, 기업 대출을 회수하는 한편 개인의 주식 투자를 일부 제한했는데, 이 같은 조치를 풀고 경기 부양에 나서기에는 자산에 버블이 많이 끼어 있다. 중국이 2000년대 초중반 글로벌 과잉

유동성을 등에 업고 급격한 경제성장을 이뤘기 때문인데, 각종 긴축정책에도 버블이 쉽게 꺼지지 않아 통화량을 늘리는 데 고민이 많은 것이다. 하지만 점진적인 통화완화 정책은 기대된다. 현재 글로벌 경기가 성장을 강하게 억누르는 등 경기 상승 압력보다 하락 압력이 크기 때문이다. 물론 과거와 같이 공격적인 정책 선회를 기대하기는 어렵지만, 중국이 긴축에서 부양으로 돌아서면 투자·소비 심리를 적지 않게 개선할 수 있다. 중국은 지난 2년간 긴축정책을 지속해 민간 경제의 투자·소비심리가 응축돼 있는 상황이다. 실제로도 중국은 2012년 2월 지준율 인하를 발표하는 등 긴축에서 부양으로 입장을 선회하고 있다. 이런 가운데 JP모건 등 주요 투자은행들은 2013년을 기점으로 중국 등 신흥시장의 증시가 매력을 되찾을 것으로 보고 있다. 경제위기 심화로 신흥국과 미국 경제 간의 디커플링(탈동조화) 현상이 심해지고 있는 가운데 고성장하고 있는 신흥시장에 수요가 몰리는 것이 당연하다는 이유다. 중국을 비롯해 한국 등 신흥국은 금리 인하 사이클에 들어섰기 때문에 정책 모멘텀이 상대적으로 더 클 것이란 전망이다.

국내 증시, 저성장 기조 속에서 글로벌 경기가 좌우

국내 증시는 한국경제가 대외의존도가 높다는 점에서 주요국의 정책 이슈에 민감하게 반응할 전망이다. 주요국 간 정책 공조가 긴밀하게 이뤄질 경우 호조가, 그 반대 경우에는 침체가 예상된다.

일단 기업경기와 실적이 증시에 미치는 영향력은 비교적 낮아 보인다. 이미 경기와 실적에 대한 증시 기대치가 축소됐으며, 글로벌 경기가 리세션(경기침체)으로 빠지는 등 최악의 상황이 발생할 가능성은 낮기 때문이다. 더구나 관심이 글로벌 경제의 소프트랜딩(연착륙) 여부와 경기 개선 시점으로 모이고 있어 글로벌 정책과 그에 따른 글로벌 유동성 변동이 증시의 흐름을 결정할 것으로 관측된다.

일단 2012년 한국의 국내총생산(GDP) 성장률은 2%(전년대비)대 중반이나 그 이하로 역대 최저 수준에 그칠 전망이다. 글로벌 경기침체로 선진국의 수요가 부진하여 한국의 수출 성장세 둔화가 초래되고 있고, 내수까지 부진해 경기 회복이 쉽지 않은 상태다.

2013년 성장률은 3.3%로 2012년보다는 개선될 전망이나, 2012년이 경기가 나빴던 데 따른 기저효과가 상당부분 작용한 수치이기 때문에 체감되는 경기는 2012년과 비슷한 수준일 것으로 보인다. 이 때문에 2013년 기준금리는 2%대 중반이나 그 아래로 내려갈 가능성이 있으며, 기조적인 우상향 속에 국내외 이슈에 따른 변동성 장세가 이어질 것으로 관측된다. 다만 유로존 위기의 경우 독일과 프랑스, 스페인 등의 극적 화해가 성사되고, 미국의 소비심리가 개선되는 등 기조적으로 우호적 조건만 완성된다면 큰 폭의 반등도 기대할 만하다.

포트폴리오, 보수적 운용이 최선

국내외 증시 여건과 분위기 등을 종합해보면 2013년에는 증시에 상하방 압력이 혼재하는 상황에서 주가상승에 대한 기대심리와 유동성 증가, 정책공조 등이 실타래처럼 얽이며 변동성 장세를 이룰 것이란 관측이다. 증시의 오름폭은 지난 2011년이나 2012년보다 커질 수 있으나, 그만큼 변동성도 심해질 것이란 이야기다.

앞서 설명했듯 변동성이 심한 장세에서는 개인 투자자가 역량을 발휘하기 어렵다. 외국인이나 기관 등 주요 투자주체의 증시 영향력이 더욱 커지고, 돌발 이슈에 장이 출렁일 가능성이 높아 개인 투자자 입장에서는 어렵게 벌고, 쉽게 잃을 가능성이 커졌다. 금융투자협회가 지난 2010년 하반기 조사해 발표한 '주요국 가계금융자산 비교' 자료에 따르면 한국 가계의 전체 자산에서 금융자산이 차지하는 비중은 20.4%로, 이 중 예금 등 안전자산이 70.6%, 주식 등 위험자산은 28.4%였다. 미국가계의 위험자산 비중이 70%에 달하는 점을 감안하면 한국 가계는 다분히 보수적인 투자자라고 평가할 수 있으나, 변동성 장세가 지속되고 있는 만큼 조금 더 보수적으로 투자 포트폴리오를 구성해도 좋다는 것이 전문가들의 견해다. 전문가들은 위험자산 내에서도 원금보장형 주가연계증권(ELS) 등 비교적 안전성이 높은 상품의 비중을 늘려 보수적인 포트폴리오를 짜는 것이 좋다고 조언한다.

다만 상승장을 대비한 포트폴리오 구성을 조언하는 목소리도 적지 않다. 변동성 장세를 방어하기에 좋은 포트폴리오는 상승장이 찾아왔을 때 높은 수익률을 보장할 수 없다는 이유다. 상승장을 대비한 포트폴리오로는 직접투자의 경우 철저히 실적 우량주 위주로 접근하고, 펀드는 중·소형 펀드에 관심을 가지라는 것이 전문가들의 조언이다.

변동이 심한 장세에서는 대형주에 관심을

외국계 항공사에 다니는 신명찬 씨(35·가명)는 독특한 방법으로 재

증권사	대형주 목록
교보	현대모비스·LG화학·LIG손하보험·KT&G·녹십자
대신	삼성전자·대우조선·대한항공·SK텔레콤·GKL
대우	현대차·한진해운·KT&G·엔씨소프트·현대제철
동양	대한항공·LG전자·한국금융지주·풍산·한진해운
메리츠	호남석유화학·고려아연·현대중공업·락앤락·GS리테일
삼성	NHN·SK이노베이션·LG전자·파라다이스·모두투어
신영	현대글로비스·오리온·신라교역·기업은행·현대제철
우리	삼성전자·현대위아·NHN·삼성전기·대한항공
하나대투	삼성전자·현대차·녹십자·LG화학·현대하이스코
한국	삼성전자·녹십자·LG화학·농심·롯데쇼핑
한화	기아차·삼성정밀화학·GS건설·제일모즈·알에프텍
현대	삼성전자·엘지디스플레이·현대위아·현대모비스·하나투어 GKL
SK	제일기획·현대차·GS건설·K3금융·코스맥스

테크를 한다. 지난 2006년에 취업한 신 씨는 당시 월급 중 150만 원가량을 재테크에 활용했는데, 이를 삼등분하 50만 원은 저축은행 적금에, 50만 원은 신흥국펀드에, 나머지 50만 원은 매달 삼성전자 주식을 1주씩 매입했다. 현재 삼성전자 주가가 120만 원 안팎으로 올랐으나, 신 씨의 월급도 그만큼 올라 적금고 펀드에 들이는 돈은 늘리지 않아도, 삼성전자 주식은 꾸준히 매입하고 있다. 이 같은 포트폴리오는 다분히 수익률 지향적이지만, 그 나름대로 안전성을 갖췄다는 것이 신 씨의 설명이다. 적금은 안전성을 위해, 펀드는 수익성 차원에서 가입하고, 삼성전자 주식은 수익률과 안전성을 모두 추구하는 차원에서 가입한다는 것이다. 그는 삼성전자가 당장 망할 가능성은 낮고, 경기변동이 심할수록 외국인 혹은 기관 자금의 유입이 더욱 확대될 것으로

보고 있었다. 삼성전자가 국내 증시의 대장주로서 글로벌 경쟁력을 갖췄다는 것이다. 결과적으로 신 씨의 예상대로 삼성전자 주식은 올곧게 오르며 이제 120만 원선에서 움직이고 있다. 삼성전자 주식을 통한 신 씨의 투자 수익률은 지난 6년간 47%, 연간 기준으로 약 8%에 달한다.

신 씨의 경우처럼 대형주는 급등락 장세에서 더욱 빛을 발한다. 기업이 안정적인 경영실적을 내고 보유자산이 많기 때문에 글로벌 경기 변동에 쉽게 꺾이지 않는 데다, 글로벌 경기가 침체를 겪을 때면 오히려 '보험주'로 각광을 받으며 기관과 외국인의 러브콜을 받기 때문이다. 삼성전자와 같은 초대형 우량주 외에 안정적인 펀더멘탈에도 변동 장세 속에 주가가 하락한 대형주도 많아, 다소 위험을 선호하는 투자자일 경우 저평가된 우량 종목에 관심을 갖는다면 적지 않은 수익률을 기대할 수 있다. 전문가들은 글로벌 위기 우려감에 따른 낙폭 과대주에 대한 선별적 접근이 필요하며, 할인율이 높은 업종이나 최근 실적전망 변화율이 상향조정된 종목군도 투자 대상이라고 조언한다.

개별 증권사들과 전문가들이 추천하는 유망 대형주는 글로벌 성장 스토리를 갖춘 종목(삼성전자·현대차), 과매도 국면에 진입한 경기관련주(LG화학·LG디스플레이·하나금융지주), 신흥국 소비성장 모멘텀과 중동 인프라 수요를 갖고 있는 기업(삼성물산·CJ제일제당), 경기방어주(NHN·KT&G·현대해상) 등이다.

위험자산 욕심 나면, 단기상품·펀드에도 자산 분배를

주식 투자는 본질적으로 손해를 보지 않는 투자가 아니다. 투자자로서는 일부 리스크를 떠안더라도 높은 수익을 올리기 위해 주식 투자에 나서는 법이다. 이 때문에 증시 변동성이 커져 주식 투자에 더욱 모험심을 발휘해야 하는 상황이 왔더라도, 수익률에 대한 기대감은 여전하다.

하지만 지나치게 수익률을 지향하면 결국 주식 투자는 '도박'과 똑같게 된다. 이런 이유로 수익률은 적정선까지만 추구하는 한편, 단기 수익성 상품과 펀드에도 자금을 일부 넣어 '수익 지향적 리스크 헤지'에 나설 필요가 있다.

일단 주식 투자를 위해서는 유동성(현금)이 가장 큰 관건이다. 주식 시장에서 발 빠른 대응을 하려면 주머니에서 돈을 자주 넣었다 꺼내야 하기 때문에 가입 기간이 1년 이상인 중·장기 상품에 지나치게 많은 돈을 넣는 것은 곤란하다. 자금이 묶여 증시 변화에 빠르게 대응하기 어려워지기 때문이다. 증시의 빠른 변화에 대응하기 위한 상품으로는 연 4%대 초반의 3개월짜리 환매조건부채권(RP)이나 수익 실현 기회를 2~3개월에 한 차례씩 제공하는 ELS 등을 고려할 만하다. 짧은 투자 기간에도 비교적 높은 수익률 달성이 가능하기 때문이다. 은행의 회전식예금은 수익률이 다소 낮지만 입출입이 비교적 자유로워 좋은 대안이 될 수 있다.

펀드는 벤치마크(비교지수) 흐름에 따라 투자하는 인덱스펀드나 상장지수펀드(ETF)가 가입할 만하다. 이들 펀드는 변동장세에서 수익률을 방어하는 데 효과가 있다. 펀드평가회사 에프앤가이드에 따르면 2011년 12월 9일 기준으로 국내 주식형 ETF 74개의 3개월간 수익률 평균치는 6.05%로, 같은 기간 코스피 상승률 1.52%를 훨씬 웃돌았다. 주식형펀드도 가입대상으로 고려할 수 있으나, 각 운용사의 펀드매니저 인력이 한정돼 있어 흥행에 실패한 펀드는 오랜 기간 케어를 받기 어렵다는 점에서 인덱스펀드나 ETF가 낫다고 볼 수 있다. 인덱스펀드나 ETF가 주식형펀드보다 덜 과열돼 있어 안전성이 뛰어나고 수수료도 저렴하다. 인덱스펀드가 환매시점과 현금화 시점의 괴리 때문에 부담스럽다면 주식시장에서 실시간으로 매매할 수 있는 ETF를 활용하면 된다. 다만 ETF 상품 중 섹터ETF나 레버리지ETF의 가입은 삼가는 것이 좋다. ETF의 장점은 분산투자에 따른 안전성인데, 이들 상품은 위험성이 높기 때문이다.

주식형펀드의 몰락

주식 투자의 위험성을 회피하고, 수익률을 올리기 위해 2000년대 초반부터 재테크의 대세로 자리 잡았던 주식형펀드는 쇠락을 거듭하고 있다. 주식형펀드는 2000년대 초만 해도 전문가인 펀드매니저가 직접 목돈을 굴려준다는 메리트에 전 국민적 인기를 모았다. 하지만 금융위기를 거치고 변동장세가 심해지며 투자메리트가 크게 줄었다. 기본적으로 주식이 고위험 상품에 속하는데, 이 중 여러 개를 골라 분산투자를 한다고 한들 고위험 상품의 범주에서 벗어날 수 없는 구조적 한계를 지녔다. 요즘 같은 급락장, 변동성 장세에서는 수익을 내기 어렵다는 이야기다. 특히 자문사 상품, 랩어카운트 등 새로운 개념의 상품이 쏟아지면서 펀드의 인기는 점차 떨어지고, 증권사들도 주식형펀드에 더 이상 공을 들이지 않고 있다.

또 증권사들의 영업 행태도 주식형펀드의 매력을 떨어트리고 있다. 현재 주식형펀드의 수는 7,000~8,000개로 상장 종목의 5~6배에 이를 정도로 많다. 증권사가 상품별 차별화를 두거나 독자적인 투자 철학에 따라 상품을 개발하기보다 흥행에 성공한 타사 상품을 베끼는 데 급급한 현실이다. 이렇게 출시된 상품은 투자수익률 등 질적인 측면보다 공격적인 마케팅을 통해 투자금을 모으는 것에만 몰두하게 된다. 그러다 흥행에 실패하면 운용사의 관심 밖으로 밀려나게 되며, 관리가 안 되다 보니 투자자들의 이탈이 이어져 결국 자투리 펀드로 전락하고 만다.

이와 함께 펀드운용의 일관성이 지켜지지 않는 점도 문제다. 펀드를 운용하는 펀드매니저는 통상 계약직으로 증권사에 종사하기 때문에 이직이 잦다. 고용이 보장되지 않기 때문에 펀드매니저들은 높은 연봉을 쫓아 철새처럼 움직이기 일쑤다. 펀드매니저가 바뀐다고 주식형펀드의 수익률이 무조건 나빠지는 것은 아니지만, 펀드의 자산 구성이나 운용방식이 달라질 수 있다는 점은 고려해야 한다.

국민연금,
주식 투자의 '교과서'

주식시장은 기관과 외국인, 개인 등 3대 투자주체가 벌이는 일종의 레이스다. 한쪽이 돈을 벌면 다른 한쪽이 잃는 '제로섬' 게임의 양상이 강한 주식시장에서는 기관과 외국인의 힘이 개인보다 세다. 개인의 자금이 전체 투자액의 절반을 넘지만 기관과 외국인 자금은 조직적으로 움직인다는 점에서 증시 파괴력이 세다. 반면, 개인 투자자는 개별적 움직임을 보이기 때문에 장의 흐름에 크게 휘둘릴 수밖에 없다. 이 때문에 증권가에서는 개인 투자자들이 돈을 잃을 때면 속된 말로 '강간당했다'는 표현을 쓰는가 하면 각 투자주체별 권력 구도를 패러디한 그림이나 글을 회람하기도 한다. 그만큼 주식시장에서 개인은 '착취'의 대상으로 취급받고 있으며, 늘 패자로 인식되곤 한다.

하지만 이런 개인 투자자라도 주식시장에서 승리하는 방법은 있다. 어차피 개인이 이기기 힘든 싸움이라면 주요 투자주체의 움직임을 따라가면 된다. 외국인은 흐름을 점칠 수 없으니 따라하기 어렵지만, 대한민국 증시의 큰손인 국민연금이라면 충분히 벤치마킹해볼 만하다. 특히 국민연금은 수익률과 안전성을 적절히 조성해 포트폴리오를 구성하는 한편, '약세장의 구원투수'로 불릴 정도로 증시 영향력이 강한 투자자이기 때문에 잘만 따라간다면 적어도 잃는 투자에 대한 우려는 접어둘 수 있다. 특히 최근처럼 대형주 중심, 변동성 장세가 이어지고 있는 시점이라면 국민연금을 투자의 '참고서'에서 '교과서'로 삼아도 나쁘지 않다.

더구나 전광우 국민연금공단 이사장이 밝혔듯 국민연금은 2012년부터 채권 투자 비중을 낮추고 주식과 대체투자(부동산) 비중을 늘려나갈 방침이라 증시에 대한 영향력은 더욱 커질 것이다. 국민연금은 2012년 7조 4,000억 원의 국내 주식을 순매수할 계획이며, 단계적으로 전체 운용자산의 18%인 국내 주식 투자 비중을 19.4%까지 늘릴 방침이다. 또 오는 2016년까지는 국내 주식 투자 비중을 20% 이상으로 확대할 예정이다.

그렇다면 국민연금의 수익률은 어느 정도일까. 국민연금 기금운용

본부에 따르면 국민연금의 2008~2010년까지 국내주식 직접투자(대형
주 위주)와 위탁투자 평균수익률은 각각 7.05%, 6.04%였다. 반면 이 기
간 시장수익률은 5.61%(대형주지수), 3.69%(코스피)다. 국민연금의 주식
투자수익률이 시장수익률을 각각 2.06%포인트, 2.35%포인트 웃돈 것
이다. 주식시장이 약세를 보인 2011년의 경우 11월 말 기준으로 국민
연금의 국내직접투자 수익률은 -9.55%, 위탁투자 수익률은 -7.91%로
마이너스를 기록했으나, 시장수익률(-9.9%, -8.55%)보다는 선방했다.

종목별로 봐도 국민연금의 투자수익률은 시장을 앞섰다. 우리투자
증권의 분석에 따르면 코스피가 2011년 11월 24일 단기저점을 기록한
후 연기금 매매종목의 수익률은 6.15%를 기록해 전체 조사대상 기업
들의 수익률 4.82%를 압도했다.

일단 국민연금의 기본적인 투자원칙이 장기투자, 우량주 위주라는
점은 먼저 알아두고 접근하자. 증시 전문가들은 우량주의 조건으로
밸류에이션(현재 주가와 상관없는 기업이 가진 고유의 가치를 판단한 적정 주가)
및 이익모멘텀(이익에 따른 상승동력)을 제시한다. 국민연금은 이익모멘
텀이 양호한 종목의 주가가 단기 급락했을 때 저가매수에 나서는 경향
이 강하다. 국민연금의 매수세가 강한 종목들의 경우 전반적으로 주
가수익비율(PER)과 주가순자산비율(PBR)이 상대적으로 낮고, 주당순
이익(EPS) 성장성이 높았다. 이를 고려할 때 12개월 이상 PER, PBR이
최근 2년 평균대비 낮은 종목, 미래 영업이익 추정치의 전월대비 변화
율이 플러스인 종목에 관심을 가져볼 만하다.

물론 국민연금이 매수한다고 주가가 꼭 오르는 것도 아니고, 국민연
금이 사는 종목이 무조건 오르는 것은 아니다. 다만 투자규모가 큰 만

큼 개별 종목에 대한 국민연금의 영향력은 무시할 수 없다. 국민연금
이 관심을 갖는 종목이 보다 안전하고 보다 높은 수익률을 올릴 가능
성이 크다는 말이다.

국민연금의 대형주 구애 공세

국민연금의 대형주 사랑은 대단하다. 요즘처럼 증시가 불안한 때일
수록 대형주 선호 현상은 더욱 강해진다. 국민연금은 2011년 4분기에
만 삼성전자 주식 148만 4,649주를 추가로 사들였다. 지분율 1%에 해
당하는 규모로 1조 원이 넘는 현금을 쏟아 부었다. 삼성전자는 명실공
히 대한민국을 대표하는 기업으로 주가가 100만 원 선을 찍은 것을 기
점으로 국내외 증권가의 시선이 달라졌다. 이전까지 로컬 기업의 이미
지가 강했으나, 주가 100만 원에 도달한 이후 글로벌 대기업으로 성장
한 것으로 평가받는다. 주가 100만 원 선을 뚫는데 난항을 겪었던 것
도 삼성전자에 대한 인식을 바꾸는 진통이었다는 시각도 있다. 이유
야 어찌됐든 국민연금의 삼성전자 매수세는 100만 원이 넘은 뒤에도
계속되고 있다. 경기불안이 가중되면서 오히려 예전보다 매수하려는
의지가 강하다.

국민연금은 삼성전자뿐만 아니라 2011년 초까지 국내 증시를 이끌
었던 LG화학도 전략적으로 매수하고 있다. 국민연금은 LG화학 주가
가 58만 3,000원까지 올랐다 2011년 10월 27만 600원까지 떨어지자
저가 매수의 기회로 판단하고 LG화학 주식 보유량을 376만주에서
442만주로 크게 늘렸다.

이 밖에 2011년 3분기에는 총 37개 종목, 4분기에는 29개 종목의 지

[표 3] 국민연금 지분 증감 추이

(2011년 말 기준, 단위: %)

구분	종목명	2분기	3분기	4분기	증감률
지분확대 종목	CJ오쇼핑	5.09	7.17	9.19	4.1
	녹십자	6.08	8.32	9.35	3.27
	GS건설	5.03	7.18	8.19	3.16
	SK케미칼	6.24	8.32	9.32	3.08
	현대제철	6.06	7.12	9.13	3.07
	한샘	5.16	6.2	8.21	3.05
	이수페타시스	6.41	7.5	9.14	2.73
	이수화학	6.62	7.64	8.99	2.37
	LG전자	6.05	6.32	8.32	2.27
	호텔신라	7.15	8.23	9.32	2.17
	에스원	5.02	6.1	7.15	2.13
	한국타이어	5.03	6.05	7.16	2.13
	SBS	6.79	7.86	8.89	2.1
	제일기획	6.19	7.22	8.24	2.05
	기아자동차	5	6.02	7.04	2.04
	KCC건설	6.04	7.04	8.06	2.02
	넥센타이어	5.04	6.06	7.06	2.02
	동양기전	8.47	9.49	9.5	1.03
신규 편입 이후 지분확대 종목	종근당바이오	–	5.19	8.59	3.4
	하이록코리아	–	6.08	8.22	2.14
	코리안리재보험	–	5.16	7.21	2.05
	현대백화점	–	5.1	6.16	1.06
	락앤락	–	5.19	6.25	1.06
	리노공업	–	5.01	6.02	1.01
	만도	–	8.62	9.62	1
지분축소 종목	STS반도체통신	7.55	5.55	4.55	−3
	동국제강	6.14	5.12	3.78	−2.36
	종근당	8.09	7.06	4.91	−3.18

자료: 금융감독원, 한국거래소

[표 4] 국민연금 신규 5% 이상 지분 보유 상장사 (2012년, 단위: %)

종목	보고의무 발생일	보유지분	주가 추이
락앤락	06월 25일	5.07	−26.74
GKL	05월 08일	5	10.83
컴투스	06월 08일	5.11	43.79
금호타이어	04월 19일	5	21.54
지투알	04월 17일	5.04	21.54
자화전자	05월 03일	5.13	18.57
다우기술	05월 18일	5.07	−7.06
아시아나항공	06월 28일	5.14	1.32
현대산업개발	05월 15일	5.05	0.9
현대미포조선	04월 17일	5.06	6.3
SK네트웍스	06월 01일	5.01	14.42

자료: 금융감독원, 한국거래소

분을 확대했다. 신규로 편입한 종목은 3분기에 27개, 4분기에 25개에 달한다. 이 중 지난 2분기부터 4분기까지 꾸준히 지분을 확대한 종목은 총 18개였다. 지분을 꾸준히 확대한 종목의 특징을 보면, 건설과 화학 등 그동안 다른 업종에 비해 상승폭이 낮았던 종목들이다. GS건설은 2011년 2분기 5.03%에서 4분기 8.19%로 지분을 늘렸고, KCC건설도 2분기 6.04%에서 4분기 8.06%로 확대했다. 화학업종의 경우 SK케미칼은 6.24%에서 9.32%까지 늘었고, 이수화학도 6.62%에서 8.99%로 지분율을 늘렸다. 이 밖에 CJ오쇼핑, SBS, 에스원, 호텔신라, 제일기획 등 내수주를 담았고, 기아차, LG전자, 현대제철 등 대형주에도 투자했다.

코스닥 상장사 중에서는 실리콘웍스란 회사에 집중 구애를 펼쳤다.

국민연금은 2011년 4분기에만 실리콘웍스 주식 82만 5,290주를 사들여 신규 편입 종목 리스트에 이름을 올렸다. 실리콘웍스는 디스플레이 구동용 반도체를 설계하는 팹리스업체다.

반면 꾸준히 지분을 줄인 종목들도 있다. 2011년 2분기부터 4분기까지 지분을 축소한 종목은 STS반도체통신, 동국제강, 종근당이었다. 네패스, 다음커뮤니케이션즈, 메리츠화재, 진성티이씨 등도 축소됐다.

국민연금은 내수방어주부터 대형주까지 다양한 종목에 분산투자한다. 하지만 여기에도 일정한 패턴은 있다. 예컨대 건설주는 2011년 업황이 좋지 않아 급락한 상황에서 편입한 것이며, CJ오쇼핑 등은 중국 긴축완화 기대감으로 매입했고, 화학 업종들은 급락이 컸던 만큼 이들을 저가 매수해 지분을 늘린 것으로 분석된다.

그렇다면 앞으로는 어떤 종목을 주목해야 할까. 2012년 국민연금이 주식비중을 늘리기로 한 만큼 추가 매수 여력이 있으니, 매수 비중을 확대하고 있는 종목을 유심히 봐야 한다고 증권가 고수들은 조언한다.

주식시장의 영원한 인기스타 '테마주'

주식시장에서 영원히 시들지 않는 인기쟁이가 있다. 그 주인공은 바로 테마주다. 테마주는 글로벌 경기나 증시의 방향성 등 큰 틀의 흐름에는 영향을 작게 받으면서 종목 자체가 가진 특수성과 환경 변화에 따라 가격이 변한다. 이 때문에 각 기업 경영자들의 행보나 국내의 정치적 이슈 등을 잘 따져본다면 기대 이상의 수익을 올릴 수도 있다.

정치는 앞을 알 수 없고 항상 살아 숨 쉬는 것처럼 움직이기 때문에 생물에 비유되곤 하는데, 주식시장 역시 마찬가지다. 주가 변동이 이슈를 따라다니다 보니 이슈의 발생과 그에 따른 시장의 반응 등으로 '잘 나가는' 종목이 순식간에 하한가를 치거나, 만년 1,000원짜리 주식이 한 순간에 치솟는 경우도 있다. 결국 특정 이슈가 주식시장에 미치는 영향에 대한 분석과 남들보다 빠른 정보추출을 통한 냉철한 판단만이 당신의 주머니를 불려줄 수 있다.

재벌을 보면 주식이 보인다

국내 재벌들 중 전업 주식 투자를 통해 돈을 번 사람은 많지 않다. 하지만 보유 기업의 지분 확대와 주가 상승을 통해 자산 규모를 키워 부자 반열에 오른 사람은 많다. 이건희 삼성전자 회장이나 정몽구 현대자동차그룹 회장, 정몽준 현대중공업그룹 회장, 신동빈 롯데그룹 회장, 정의선 현대차 부회장, 최태원 SK그룹 회장 등이 대표적이다.

이들의 공통점은 그룹 오너라는 점이다. 그룹을 지배하는 오너집단의 가장 중요한 이슈는 지배구조의 연속성이다. 오너에게 자신들이 일으켜 세운 회사의 경영권을 외부인에게 뺏기는 일은 있을 수 없다. 이 때문에 무슨 수를 써서라도 지키고 후손에게 물려주려 할 것이다.

삼성그룹 계열 비상장사 삼성에버랜드는 용인의 놀이공원 에버랜드를 운영하는 기업으로 유명하지만 삼성그룹 모든 계열사 및 사업장의 급식사업을 담당하는 알짜회사이기도 하다. 이 회사의 지분은 편법증여라는 비판 속에도 이재용 삼성전자 부회장이 25%의 지분을 가져갔다. 이재용 부회장이 에버랜드의 주식을 취득한 과정을 두고는 전환사채 저가 배정사건 등 사회적으로 문제가 된 점도 있었고, 이외에도 편법적인 증여라는 비판도 많았다. 하지만 아직까지 이재용 부회장은 별다른 법적 문제없이 경영권을 승계하는 모습이다. 이런 재벌들의 지배구조와 대물림의 패턴 및 시기 등단 잘 꿰고 있다면 큰 수익 창출도 가능하다.

일례로 최근 재벌의 경영권 승계로 거론된 녹십자생명의 경우를 살펴보면, 전혀 다른 업종인 현대차그룹에 인수됐다. 이를 두고 현대차그룹이 안정적인 수익원 확보를 위함이라는 등의 해석이 분분하지만 일단은 후계구도를 염두에 둔 M&A라는 시각이 강하다. 정몽구 회장이 사위인 정태영 현대카드 사장에게 현더카드·캐피탈 대신 녹십자생명 등 일부 금융계열사를 물려줌으로써 잡음 없이 계열사를 적절히 안배하기 위한 것이란 분석이다. 현대카드의 경우 현재 정태영·정명이 부부의 주식은 없다. 다만 녹십자생명을 현대모비스와 함께 인수하게 된 현대커머셜 지분은 현대차와 정태영 사장 부부가 각각 50%씩을 갖고 있다.

정치 관련주 '옥석' 잘 골라야

2012년은 그야말로 선거의 해다. 총선과 대선이 함께 치러지는 데다 박근혜·문재인 등 대선 주자군도 명확히 나와 있다. 특히 대선 주자간 지지율 격차도 크지 않아 여러 정치 테마주들의 주가가 죽순처럼 자라고 있다.

지난 2007년 이명박 대통령이 당선되기 전 대운하 관련주가 최저가 대비 100배 상승률을 보인 경우도 있었다. 이번 18대 대선에서 박근혜 테마주로 보령메디앙스, 문재인 테마주로 우리들생명과학 등이 있다.

안철수 전 후보가 최대 주주로 있는 안랩이나 박근혜 새누리당 후보와 관련이 있는 아가방컴퍼니·보령메디앙스·EG, 문재인 민주통합당 후보의 테마주인 바른손 등은 정치 테마주로서 가격이 많이 올랐으나 여전히 상승 압력은 충분하다. 주가 조작과 관련해 금융감독원이 조사에 나서고 있으나, 선거판이 본격적으로 열리면서 주가는 큰 폭으로 뛰어오르고 있다. 다만 선거가 다가올수록 당선과 거리가 멀어진 후보의 테마주는 가격이 급락할 수 있다는 점은 주의하는 것이 좋다.

또 정치관련 테마주는 선별을 잘해야 한다. 통상 선거철에는 표심을 의식한 자금이 정부로부터 쏟아져 나와 내수가 부양되지만 2012년은 상황이 다르다. 대내외 경기가 좋지 않고, 반기업 정서가 고조돼 기업경기를 활성화하기 어려운 실정이다. 친기업 정서가 오히려 표심에 부정적으로 작용할 수 있어 어느 후보 하나 경기 활성화를 내세우지 못하고 있는 실정이다. 이 때문에 선거전에는 통상 사회간접자본(SOC)·유통·소비재 관련 주식이 많이 올랐으나 2012년에는 선거 특수를 누리기 어려울 전망이다.

2013년 유망 업종과
투자 전략

전문가들이 꼽은 투자 1순위 'IT'

전문가들이 2013년 유망업종 1순위로 꼽는 것은 단연 IT다. 스마트폰 등 신기술이 우리 삶의 새로운 표준(뉴노멀)으로 자리 잡으면서 PC와 휴대폰·TV·백색가전 등에도 IT 기술이 접목될 수 있다는 것이 가장 큰 이유다. 특히 IT 업종은 애플의 신기술 개발과 삼성전자의 대규모 투자 등에 따른 수혜 가능성이 큰 반면 글로벌 금융위기에 따른 미국 소비시장 침체로 저평가된 시장으로 평가 받아 밸류에이션 측면에서 기대치가 높다.

일단 2012년 한해 글로벌 IT 시장을 분석해보면 전년 대비 스마트폰은 76.2%, 태블릿PC는 62.6%의 증가가 기대된다. 반면 데스크톱PC는 3.8%, LCD TV는 10.7%, 노트북은 15.7% 성장세에 그칠 것으로 보인다. 2013년에도 IT 성장의 축은 스마트폰이며, 여기에 태블릿PC가 동반돼 스마트 기기 수요는 폭발적으로 증가할 전망이다.

2013년에는 스마트TV가 시장을 새로 짤 것으로 판단된다. 디지털 TV가 스마트TV로 전환되면서 TV에 대한 개념 정립이 다시 이뤄질 것이란 업계의 기대감이 높다. 범용 운용체제(OS)를 보유한 마이크로소프트와 애플·구글이 TV 시장 진출을 계획한 가운데 기존 TV 시장의 상위업체인 삼성전자·LG전자·소니에 대한 위상 변화가 있을 것으로 보인다. 핸드폰 시장이 피처폰에서 스마트폰으로 급격히 바뀌듯 TV 시장에서도 변화가 빠르게 진행될지는 아직은 미지수이지만 새로운 패러다임이 제시될 것이란 기대감은 완연하다.

이런 가운데 스마트 기기 완제품과 핵심 부품을 생산하는 삼성전자의 성장세가 가파를 것으로 보인다. 삼성전자는 스마트폰 시장에 뛰어들며 내부자원(반도체·디스플레이 등 핵심부품의 내재화)을 통한 경쟁력 우위를 점하며 시장점유율을 확대해나가고 있다. 이는 스마트를 기반으로 한 가전의 전반적 변화에 삼성전자가 능동적으로 대처할 수 있다는 기대감 확산과 함께 매출 신장이 기대되는 대목이다.

LG전자의 약진도 기대된다. LG전자가 2012년 북미와 일본 시장 롱텀에볼루션(LTE)폰을 출시하며 시장 선점 효과를 노리고 있는 데다 전체 휴대폰 출하량 중 스마트폰이 차지하는 비중도 확대추세에 있기 때문이다.

글로벌 IT 시장의 발전 및 성장과 함께 국내 부품업계의 글로벌화도 기대된다. 2000년대 이후 삼성·LG전자 등과 수직적 구조를 갖춘 하청 업체들이 높은 원가·기술 경쟁력을 보유하고 있어 글로벌 시장에서도 재평가가 이뤄지고 있기 때문이다. 특히 애플 스마트폰의 주요부품(AP·모바일D램·낸드·LCD·2차전지·카메라모듈·MLCC·PCB)도 국내 업체가 주로 생산하면서 스마트 기기 제조 판도도 국내 부품업체 중심으로 돌아갈 가능성이 높다는 평가다. 또 스마트폰을 중심으로 한 휴대폰 및 IT기기의 수요·보급률이 증가하면서 대면적 리튬 폴리머전지 시장이 본격적으로 커져 나갈 것으로 보인다.

글로벌 점유율 확대일로인 '자동차'

지난 2004년 이후 전 세계 자동차업종 평균을 상회해온 현대차와 기아차의 성장세는 2012년에 이어 2013년에도 이어질 것이란 전망이 강하다. 판매 증가량은 글로벌 소비심리 위축과 2011년 신차발매에 따른 기저효과로 2011년 14.7%에서 2012년 9.2%로 줄어들겠으나, 시장 점유율은 2011년 8.7%에서 2012년 9.1%(현대차 5.6%, 기아차 3.6%)로 뛸 것이 예상된다.

현대·기아차는 품질개선과 강화된 제품 라인업, 저렴한 가격 등으로 글로벌 시장에서 각광받고 있으며 한·EU, 한·미 자유무역협정(FTA)으로 수혜를 볼 것이 기대된다. 특히 현대·기아차의 전 세계 자동차판매 비중 중 신흥시장에서의 판매가 절반을 넘고 있다는 점은 상징하는 바가 크다. 이머징마켓의 증제성장기 지속되고 있는 상황이라 자동차 수요가 꾸준해 시장 지배력을 유지만 해도 기본 판매량을 확보할 수 있을 것이란 전망이다. 두 회사의 신흥국 매출 비중은 70%로 도요타의 2배 수준이다.

아울러 신차 출시 추세도 눈여겨봐야 한다. 현대차는 2012년 3월에만 신차 4종을 내놓는 등 신차 확토 및 라인업 강화에 열을 올리고 있다. 신차효과는 매출 증대로 이어질 가능성이 높다. 꾸준히 개선되고 있는 품질도 주가에는 호재다.

자동차 관련주들 역시 자동차 시장 호황과 더불어 한미 FTA 수혜주라는 점은 잊지 말아야 한다. 한미 FTA 체결로 자동차 부품에 대한 관세는 2.5%가 즉각 철회된다. 한국산 자동차부품의 가격 경쟁력이 높아지게 되는 셈으로, 4%에 이르는 타이어에 대한 관세도 5년에 걸쳐 단계적으로 철폐된다. 이와 관련된 수혜주는 S&T모티브와 만도이며, 넥센타이어도 긍정적이다. S&T모티브의 2012년 영업이익률은 연결기준 0.38%포인트, 만도는 0.29%포인트 높아질 전망이다.

'건설' 수주 효과, 주가 반영될 듯

건설은 기존에 수주했던 해외 물량이 본격적으로 착공에 들어가고, 신흥시장에서의 신규 수주가 늘어나면서 대형 건설사를 중심으로 주가가 긍정적인 움직임을 보일 것으로 예상된다. 일단 원자재 가격이 많이 올라 비용부담이 커졌다는 점은 부정적이나, 외형 성장에 따른 비용 감소 효과와 비용절감 노력으로 상당 부분 상쇄될 것으로 보인다. 특히 2012년 해외 플랜트를 중심으로 신규 수주 총액이 91조 6,000억 원(전년 대비 14.1% 증가)에 달하는 등 해외수주 실적이 좋다. 이는 이머징 마켓을 중심으로 산업용 및 가정용 전력 부족이 계속되고 있기 때

[표 5] 증권사별 4분기 이후 주요 추천주 (2012년 9월 말 기준)

증권사	대형주 목록
KB투자	삼성전자 · 신한금융 · 삼성생명 · 현대모비스 · CJ E&M
대우	에스원 · 셀트리온 · LG생활건강 · LS산전 · 오리온
동양	LG디스플레이 · 삼성물산 · 한진해운 · LS산전 · 솔브레인
메리츠	SK이노베이션 · 고려아연 · 한국가스공사 · 서울반도체 · CJ오쇼핑
신한	KB금융 · LG전자 · GS · 호텔신라 · 파라다이스
키움	SK하이닉스 · 현대차 · 두산인프라코어 · SK브로드밴드 · 매일유업
우리	삼성전자 · 엔씨소프트 · SK이노베이션 · 현대그린푸드 · 이켈케이
하나대투	한전기술 · 에이블씨엔씨 · 현대그린푸드 · SBS콘텐츠허브
한국	삼성전자 · SK텔레콤 · S-oil · 씨유메디칼 · 나노스
한화	제일모직 · KB금융 · SK하이닉스 · 삼성엔지니어링 · 현대차
HMC	현대차 · SK하이닉스 · KB금융 · 포스코ICT · 유비벨록스
SK	고려아연 · 세아베스틸 · 현대글로비스 · 솔브레인 · 플랜티넷

문인데, 미국 에너지청(EIA)에 따르면 글로벌 전력수요는 2006년 18조 kwh에서 2015년 20조kwh로 증가할 전망이며, 2030년에는 전력수요가 28조kwh까지 늘어날 것으로 보인다.

다만 전반적인 해외 발주 시황이 부진할 수 있고 국내 발주가 좀처럼 회복되지 않는 점은 리스크다. 특히 정유와 석유화학 관련 플랜트 발주가 당분간 늘어나기 힘들 것이라는 점도 부정적이다.

3장
채권

안전성과 수익률,
두 마리 토끼를 잡는다

채권,
＿＿＿＿ 변동성 높을수록 빛나는 투자처

당신이 쥐고 있는 재테크용 실탄이 1억 원이라고 가정해보자. 당신은 이 1억 원을 어떻게 굴릴 것인가. 만약 높은 수익률을 기대하고 있다면 먼저 주식을 떠올릴 것이다. 하지만 글로벌 금융위기 이후 증시의 변동성이 너무 커졌다. 큰돈을 벌 수 있겠지만, 반대로 돈을 잃을 확률도 크다. 리스크가 너무 높기 때문에 선뜻 주식에 올인하기가 쉽지 않다.

그렇다면 안전자산인 은행 예금에 넣어들까. 예금은 안정적이기는 하지만 수익 악화를 우려한 은행들이 예대마진(예금과 대출의 금리 차이에 따른 마진)을 확대하기 시작하면서 물가상승률 정도의 금리밖에 제공하지 않는다. 은행 예금에 모든 돈을 넣어두는 것 자체로 자산이 증식되지 않는다는 의미다.

요즘처럼 금융시장이 불안하고, 눈에 확 띄는 투자처가 실종된 시기에 어디에 투자하는 것이 좋을지, 내 투자 포트폴리오는 어떻게 구성할 것인지, 고민이 적지 않을 것이다. 어디에 투자하든 어느 하나에 몰빵을 하기보다는 수익률과 원금 손실 가능성 등을 따져 1억 원 중 일부는 위험자산에, 나머지는 안전자산에 투자하는 것이 현명하다. 각자의 투자 성향과 재테크의 목적에 따라 다르겠지만 분산투자는 재테크의 ABC나 다름없기 때문이다.

여러 투자처에 분산투자해 리스크를 피하고 적당한 수익률을 추구한다고 할 경우 투자 항목에 '채권'은 반드시 넣어야 할 항목 가운데 하나다. 특히 요즘처럼 투자수익률이 떨어지고, 금융시장 변동성이 확대된 시기에는 채권의 가치가 더욱 빛을 발한다. 무엇보다 채권은 어느 자산보다도 안전하기 때문에 투자 포트폴리오를 구성할 때 기본으로 가져가야 한다.

채권은 발행주체인 기관 혹은 회사가 투자자로부터 빚(채무)을 지는 것이다. 지분을 담보로 발행하는 주식과의 가장 큰 차이점으로, 채권 발행자는 채권을 발행하는 순간 채무상환의 구속을 받게 되므로 채권이 주식처럼 '휴지 조각'이 되는 일은 많지 않다.

비록 예금자보호법과 같은 법의 보호를 받는 것은 아니지만, 국고채나 통화안정증권·금융채 등에 투자한다면 돈을 떼일지도 모른다는 염려는 땅속에 묻어두어도 무방하다.

또 채권의 종류에 따라 수익률이 천차만별이라 채권만으로 투자 포트폴리오를 구성할 수도 있다. 채권 투자 상품 가운데는 위험자산에 일부 자산을 투자하는 혼합형 상품 등 상품이 다양해 선택의 폭이 넓으며, 예금 이상의 수익률을 기대할 수도 있다.

채권 투자란 무엇인가

채권 투자는 일반적으로 정부가 발행하는 국고채나 한국은행이 찍는 통화안정증권, 지방자치단체의 지방채, 공기업 등의 특수채, 은행 등이 판매하는 금융채 등 발행주체가 안정적인 곳을 대상으로 이뤄진다. 이들 기관은 필요한 자금을 조달하기 위해 장기로 불특정 다수에게 채권을 유가증권 형태로 발행해 돈을 빌린다. 채권 발행 주체가 규모가 크고 대개 국책사업 등을 목적으로 돈을 빌리다 보니 통상 100억 원 단위로 발행되는 경우가 대다수다.

그런데 채권 매매가 기관 투자자를 중심으로 이뤄지다 보니 장외에서 PC 메신저나 전화통화로 거래되는 경우가 많아 일반 투자자의 접근이 어렵다. 이 때문에 개인의 채권 투자는 일반적으로 채권형펀드나 증권사 HTS를 이용한 소매채권매매가 주를 이룬다. 국채선물 투자도 한 방법일 수 있으나, 도박에 가까운 투자 위험성 때문에 개인이 투자하기에는 부담이 따른다.

개인 투자자에게는 직접 HTS를 이용해 소매채권을 거래하거나 국채선물에 투자를 하기보다, 채권형펀드에 가입할 것을 추천한다. 개인이 직접 채권에 투자하기에는 채권의 구조가 상당히 복잡하고, 나중에 설명하겠지만 소매채권매매는 증권사들이 열을 올리는 분야가 아니며 주식처럼 다양한 정보를 쉽게 얻기 어려워 개인의 투자처로는 부적합하기 때문이다. 반면 채권형펀드는 자산을 채권에 집중하거나 채권 및 주식에 적절히 분배해 안전성과 수익률을 동시에 추구하는 형태인데 투자가 쉽고 간편하다. 일단 마음 편히 '묻어두려면' 펀드를 통해 채권에 투자할 것을 권한다.

채권의 종류

채권은 발행 주체에 따라 국고채·통안증권·지방채·특수채·금융채·회사채 등 크게 6가지로 구분된다. 발행주체가 정부나 중앙은행·금융기관처럼 채무불이행 가능성이 낮다면 수익률이 낮고, 민간 기업처럼 채무불이행 가능성이 높으면 금리가 높다. 일반적으로 국제신용평가사의 신용평가 기준으로 BBB 이상이면 안전한 '투자등급'으로 분류되고 미만은 '투기등급'으로 취급된다.

한국 정부와 기업들의 신용등급은 어떨까. 국제 3대 신용평가사는 공히 한국 정부의 신용등급을 최고 수준으로 평가하고 있다. 세 곳 모두 2012년 8~9월 신용등급을 올렸다. 피치(AA–)와 무디스(AA)는 물론 가장 보수적인 성향의 S&P(A+)도 중국·일본보다 높거나 같은 수준으로 보고 있다. 국가 신용등급 상승과 함께 통안증권이나 지방채·특수채 등의 신용도 더불어 올라 공기업과 은행 등도 상당한 투자 메리트를 갖고 있다. 외국인들이 국내 채권시장에 투자할 때는 대개 이들 채권을 사들인다.

회사채의 경우 삼성전자(피치 'A+', 무디스 'A1', S&P 'A')와 같은 소위 잘나가는 대기업은 신용등급이 정부나 중앙은행 못지않다. 반면 수익률은 국고채나 통안증권에 비해 높아 안전성과 수익률 두 마리 토끼를 잡을 수 있는 투자처로 손꼽힌다. 다만 회사채의 신용등급은 실물 및 기업경기 변동에 쉽게 바뀔 수 있다는 점은 유념해야 한다. LG전자의 경우 스마트폰 판매 실적이 부진하고, 앞으로도 시장점유율을 넓히

[표 1] **국고채 예시**

만기	지표채권	발행	표면이자 (%)	입찰일	발행일	통합발행	
						시점	기간
3년	국고 0375-1306 이자율 만기 13년 6월	10년 6월 (10-2)	연 3.75	1주 월요일	화요일	6월 10일 12월 10일	6개월
5년	국고 0450-1503	10년 3월 (10-1)	연 4.50	2주 월요일	화요일	3월 10일 9월 10일	6개월
10년	국고 0500-1809	10년 6월 (10-3)	연 5.00	3주 월요일	화요일	6월 10일	1년
20년	국고 0550-2912	09년 12월 (9-5)	연 5.50	4주 월요일	화요일	12월 10일	1년

자료: 한국은행

기 어렵다는 전망이 제기되면서 지난 2011년 10월 S&P가 신용등급을 'BBB-'로, 무디스가 신용등급 전망을 '부정적'으로 각각 낮춘 바 있다.

채권은 이자지급 방법별로는 단리채·복리채·할인채·이표채 등으로 구분된다. 단리채는 투자원금어 대해서만 이자를 계산하는 채권이다. 이자율 연 10% 단리채에 1만 원을 투자했다면 1년 뒤 원금과 이자를 포함해 1만 1,000원을 제공한다. 복리채는 이자를 원금에 더해 여기에 재차 이자가 붙는 채권으로, 투자 기간이 길면 길수록 단리채에 비해 더 많은 이자를 받을 수 있는 복리 효과를 누릴 수 있다. 할인채는 만기일에 받을 수 있는 금액을 이자율로 할인해 발행하는 채권으로 통안증권과 일부 금융채가 포함된다. 예를 들어 만기에 1만 원을 받을 수 있는 이자율 10% 할인채의 경우 현재 9,000원에 할인해 채권을 발행하는 식이다. 이표채는 일정 기간(통상 3~6개월)마다 이자를 받을 수 있는 채권으로 다른 채권과 달리 정기적으로 현금 이자를 제공하는 특징이 있다. 국고채와 대부분의 회사채가 이표채로 발행된다.

채권은 만기별로는 단기채(Bill, 만기 1년 이하)·중기채(Note, 1~5년)·장기채(Bond, 5년 이상) 등으로 나뉘며, 모집방법은 투자자를 공개적으로 모으는 공모채와 특정 그룹을 대상으로 하는 사모채로 분리된다.

채권수익률, 어떻게 정해지나

채권 투자를 준비 중인 투자자라면 채권이자가 어떤 식으로 산정되는지, 수익률 계산을 어떻게 하는지 정도는 알아두는 것이 편리하다. 채권형펀드 등에 투자한다고 했을 때 펀드의 자산 구성 등을 따져보고 목표 혹은 예상 수익률을 가늠해보는 데 유용하기 때문이다. 개인이 직접 소매채권에 투자하는 경우라면 더더욱 자세히 알아두는 것이 좋다.

채권의 만기 수익률이란, 현재의 채권가격과 채권보유시 미래 현금흐름의 현재가치를 일치시켜주는 수익률을 가리킨다. 통상 채권 수익률은 만기수익률을 의미한다.

조금 더 구체적으로 들어가면, 채권에는 채권 만기일과 만기일 안에 지급해야 할 이자(표면이자)와 만기시 지급되는 금액(액면가)이 기재돼 있다. 표면이자는 채무자가 채권자에게 매년 또는 반년마다 지급해야 할 이자율을 가리킨다. 액면가는 1만 원 이상, 만기는 1년, 5년 만기 등의 형태로 표시된다. 하지만 유통과정에서 거래시점의 시장금리 등에 따라 채권값은 오르내린다.

예를 들어 설명하면 이렇다. 최초 3년 만기로 1만 원권 채권을 표면이자 10%로 발행했는데, 1년이 지난 시점에서 시장수익률이 11%가

됐다고 가정해보자. 채권시장에 참여한 투자자들은 1년 전에 발행된 채권보다 새로 발행되는 채권의 금리가 1%포인트 더 높아 후자에 더 매력을 느낄 것이다.

1년 전에 채권을 매입한 사람으로서는 남은 2년 동안 이자수익이 신규채권보다 못한 상황이 되므로 보유한 채권을 거래한다면 할인된 가격으로 시장에 내놓을 것이다. 채권금리가 올라 채권가격이 떨어지게 된 셈이다. 반대로 채권을 매입한 지 1년이 지난 시점에 시장수익률이 연 5%가 됐다면 시장 참여자들은 1년 전 발행된 연 10%짜리 채권을 사려고 할 것이다. 현재보다 5% 높은 수익을 얻을 수 있기 때문이다. 채권을 사고자 하는 사람은 프리미엄을 얹어서라도 이미 발행된 채권을 사려 할 것이고, 이 때문에 매매과정에서 채권값은 더욱 오를 수 있다. 이 경우 채권의 가격이 액면가보다 높게 형성될 가능성이 높다. 채권금리가 떨어지면서 채권값이 오른 것이다.

• 채권수익률 공식

채권수익률=(채권액면가−채권발행가)+(표면이자×채권발행가)/채권발행가

기준금리 인상은 채권유통시장에는 악재로 작용한다. 한국은행이 물가불안 등을 이유로 기준금리를 올리면 채권금리도 동반 상승하고, 그러면 채권값은 자연스레 떨어지기 때문이다. 채권 투자자들이 한은의 정례 금융통화위원회의 기준금리 결정을 예의 주시하는 것도 이 때문이다. 또 한은 총재의 발언에 주목하는 것은 통화 당국이 펼칠 앞으로의 방향성을 가늠하기 위해서다.

반대로 저금리일수록 채권 시장은 강해진다. 유통시장의 '큰손'인 기관 투자자는 통상 금리인상 시기가 늦어질 것 같으면 듀레이션(투자금을 회수할 수 있는 만기)을 늘리는 전략을 쓰고, 금리인상이 임박했다고 판단되면 투자 호흡을 짧게 가져간다. 유망 투자처에 대한 기회비용을 살리는 것이 유리하기 때문이다. 듀레이션을 축소한다는 것은 만기가 짧은 채권에 투자한다는 이야기다. 만기가 줄면 그만큼 투자금 회수 기간도 빨라진다. 혹은 만기가 같아도 표면금리가 높은 채권에 투자할 경우 투자금액 회수가 빨라져 듀레이션이 축소되는 효과를 볼 수 있다. 다만 개인 투자자는 유통시장에서 금리 변동 플레이를 할 수 있을 정도로 손이 크지 않기 때문에 복리채 등을 이용해 만기 보유 전략을 쓰는 것이 일반적이다. 이밖에 채권의 만기에 따라서도 금리가 달라진다. 일반적으로 채권의 만기가 길거나 만기일이 아직 많이 남았다면 그만큼 위험에 노출될 가능성이 높은 것으로 판단돼 수익률이 높다.

_____ 채권 투자 전략

채권·주식 동반강세 이끈 '유동성의 힘'

앞서 설명했듯 채권은 금리와 밀접한 관련성을 갖기 때문에 채권 투자 전략을 짜기 전에 반드시 현재 금융시장과 앞으로의 전망을 알아두는 것이 필요하다. 최근 금융시장은 어떤 흐름을 보이고 있으며, 앞으로 어떤 움직임을 보일까.

통상 채권시장과 주식시장은 반비례하는 경우가 많다. 안전자산인

채권이 강세면 위험자산인 주식은 약세를 띄고, 반대로 주식이 힘을
받으면 채권은 위축되기 마련이다.

경기 둔화가 우려되면 위험자산인 주식에 있던 돈이 썰물처럼 빠진
다. 그리고 주식에서 유출된 자금 대부분은 채권에 유입되며 일반적
으로 채권값은 뛴다. 반대로 경기 활성화가 예상되는 경우에는 기업경
기 호조를 기대한 자금이 안전자산인 채권에서 위험자산인 주식 등으
로 이동한다.

일례로 지난 2010년 11월 연평도 포격사태 때 코스피는 1,928.94
(2010년 11월 23일 종가 기준)로 마감했는데, 이후 불안심리 확산 속에 약
세를 면치 못하며 일주일 뒤인 11월 29일에는 1,895.54까지 하락했다.
이 기간 증시에서 1조 원 가까운 돈이 이탈했다. 불안심리 가중에 증
시에서 빠져나온 자금은 안전자산인 채권에 집중 투자되며 같은 기간
국고채 3년물 금리는 3.42%에서 3.22%로 0.20%포인트 급락했다. 회사
채(3년, AA-) 역시 4.21%에서 4.05%로 0.16%포인트 떨어졌다.

그렇다면 채권과 주식의 반비례 공식이 반드시 성립할까. 최근 3년
동안의 금융시장 동향을 살펴보면 꼭 그렇지만은 않다. 글로벌 금융위
기가 가져다준 막대한 유동성과 같은 금융시장의 환경 변화가 채권과
주식의 역상관관계를 깨트렸다. 대량의 글로벌 유동성이 안전자산인
채권과 위험자산인 주식에 고루 분산 투자되며 두 상품의 양립이 가
능한 상황이 전개된 것이다.

실제로 리먼 브라더스 파산의 여파가 한국시장을 덮치기 시작한
2008년 9월 17일, 한국의 국고채 3년물 금리는 5.60%였다. 글로벌 금
융위기를 촉발한 이 사건으로 외국인들이 한국시장에서 탈출하며 채

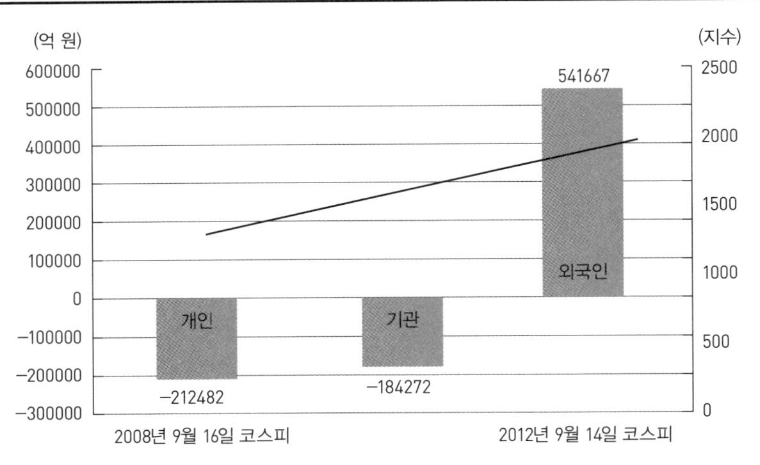

권 금리가 급등할 것으로 전망됐으나, 채권금리는 꿈쩍도 안 했다. 오히려 한국을 포함한 글로벌 주요국들이 위기를 진정시키고 확산을 막기 위해 기준금리를 낮추고 유동성을 대량으로 풀기 시작하면서, 국고채(3년물) 금리는 3.36%(2011년 11월 23일 기준)로 3년 새 2%포인트 이상 하락했다. 풍부한 글로벌 유동성이 넓게 퍼지며 역상관관계에 있다는 주식시장도 위기를 거친 지난 3년 동안 강세를 보였다. 2008년 9월 17일 1,459.72로 장을 마감한 코스피는 이후 한 달 만에 900선이 깨지는 등 진통을 겪었다. 하지만 글로벌 유동성이 지속적으로 유입되며 6개월 만에 제자리를 되찾았고, 2011년 초에는 2100선을 넘어서며 역대 최고점을 찍기도 했다. 2011년 하반기부터는 유럽의 재정위기와 실물경기 침체 우려 등으로 1,900~2,000선에서 횡보하고 있지만, 주식시장은 기본적으로 우상향 곡선을 그리고 있다. 외국인은 글로벌 금융위기가 터진 지난 2008년 9월 16일부터 2012년 9월 14일까지 만 4년 동안 국내 상장주식에서 무려 54조 1,667억 원이나 순매수했다. 연 평균 13조 5,417억 원을 국내 기업의 지분투자에 썼다는 이야기다. 이것이 바로 '유동성의 힘'이며, 유동성의 힘 아래 금융시장은 전반적인 강세를 보이고 있다.

경기침체기에는 채권에 대한 관심을

2008년~2011년 동안 글로벌 경기는 막대한 유동성의 힘으로 힘들게 일어나려는 모습을 보였다. 각국 정부는 시중에 돈이 넘치게 해 경기가 자연스레 회복되는 낙수효과를 노렸고, 유동성이 공급되는 순간에는 고용과 소비심리가 살아나는 등의 조짐을 보였다. 하지만 금융시스템 등 구조적이고 근본적인 문제로 글로벌 경기는 회생하지 못한 채 그대로 주저앉기 일쑤였다. 여전히 세계경제는 부침을 계속하고 있으며 글로벌 금융위기는 아직도 현재진행형이다.

이런 가운데 채권 분석 보고서 발행에 인색했던 증권사들이 2011년 하반기부터 채권시장을 우호적으로 전망하는 내용의 보고서를 내놨다. 이유인즉 미국만의 위기로 끝날 줄 알았던 글로벌 금융위기가 유럽 재정위기로 번지는 등 금융불안이 여전하다는 것이다. 주식 시장을 예측하기 어려워지고 지수가 좀처럼 살아날 조짐을 보이지 않자 자연히 채권 등 안전자산을 고평가하는 분위기가 퍼진 것이다. 특히 실물경기가 좀처럼 살아날 기미가 없는 가운데 한국경제가 저성장 굴레에 접어들면서 앞으로 채권이 강세를 이어갈 것이라고 예상하는 전문가들이 늘어나고 있다.

우리투자증권은 2012년 초 채권시장 전망 분석 보고서에서 국내 경제 전망에 대해 대외 불확실성에 따른 심리위축과 가계부채 증가로 내수 확대가 쉽지 않은 상황이며 2012년에도 높은 경제성장을 기대하기 어렵다고 평가했다. 또 중장기적으로도 고령화에 따른 잠재성장률 둔화가 진행되는 만큼 정부는 경기부양을 위해 단기 재정확대와 1~2차례의 기준금리 인하에 나설 것이라고 예측했다. 이런 가운데 한국의 재정건전성이 부각되고 있어 신흥국의 통화절상 압력 속에 외국인의 원화채권 투자가 다시 확대될 것으로 관측했다.

우리투자증권의 분석대로 2012년에는 한국은행이 7월 기준금리를 한차례 인하한 데 이어 연말 추가 인하 압력 역시 큰 상황이다. 미국과 유럽이 지속적으로 유동성을 풀면서 물가를 자극하고 있지만, 금융불안과 실물침체가 여전해 기준금리를 올리기는커녕 낮춰야 하는 상황이기 때문이다. 특히 미국의 무제한 3차 양적완화와 유럽중앙은행의 채권 무한매입 조치 등에 따른 캐리트레이드(국가 간 금리차를 노린 투자) 자금의 대거 유입을 막을 필요도 커졌다.

신한금융투자 역시 채권시장 전망 보고서에서 2008년 금융위기가 민간의 과도한 부채 문제를 들어냈으며, 민간의 부실을 대거 떠안은 정부도 심각한 부채위기에 당면한 만큼 신용축소와 실물경제의 악순환이 불가피하다고 진단했다. 또 인구구조적 요인, 투자 부진, 고실업률 고착화, 생산성 저하 등으로 선진국은 장기 저성장에 빠질 것으로 예상했다. 한국의 경우는 생산가능인구 증가율 둔화와 투자 정체, 생산성 둔화 등으로 잠재성장률 하락이 우려되고 가계부문의 과도한 신용팽창 후유증이 부담된다고 봤다. 결국 한은 등 정책 당국이 당분간 정책금리를 낮게 유지하는 가운데 저금리 기조가 이어질 것이란 전망이 가능해진다. 이 같은 경제전망 속에 증권사들과 전문가들은 적극적인 채권매수 마인드를 가지라는 투자 전략을 제시하고 있다.

채권형펀드, 안정적 포트폴리오를 구성하라

글로벌 금융위기는 유럽 재정위기와 같은 또 다른 위기를 만들어내며 암세포처럼 번지고 있다. 이런 가운데 돈은 돈대로 풀려 시중에 유동성은 넘치는 상황이다. 이 상황에서 당신은 앞으로 1~3년 중기 투자 포트폴리오를 어떻게 그려나갈 것인가. 남유럽에서 시작된 위기는 서유럽을 거쳐 프랑스·독일 등 중유럽으로 이동하고 있다. 유럽에서 금융·재정위기가 발발하면 유럽 전역은 물론 동남아시아·남미까지도 심각한 혼란에 빠질 수 있다. 또 세계 최대의 시장인 미국도 금융위기 여진이 여전한 데다 침체에 빠진 실물경기가 좀처럼 살아나지 못하고 있어, 세계경제의 성장 모멘텀에는 아직 불이 붙지 못했다. 게다가 중국·인도·브라질·러시아 등 브릭스 국가들은 인플레이션을 우려해 긴축에 나설 가능성이 높다. 당분간 세계경제는 눈에 띄는 회복 없이 지난 2010~2011년과 같은 밋밋한 흐름을 지속할 가능성이 높다. 이런 가운데 유럽 위기와 같이 대비하지 못한 충격이 또 다시 발생할 수도 있다.

결국 당분간 투자 포트폴리오는 위험자산보다 안전자산에 집중해야 한다는 결론을 얻을 수 있다. 국가부도가 나지 않는 이상 손실 위험이 없는 채권·예금 등에 투자해야 손실을 줄이고 득을 볼 수 있다는 이야기다. 주식이 고수익의 유혹을 보내고 있지만, 2010년 미국의 2차 양적완화 이후 반짝 뛴 뒤로는 이내 힘을 못 쓰고 있다.

재테크 전문가들은 경기 방향성을 가늠하기 어렵고, 글로벌 자금시장이 워낙 크게 요동치고 있는 만큼 총 자산의 4분의 3가량을 안전자산에 넣고, 나머지 4분의 1가량을 주식 등 수익률 제고를 위한 투자처에 넣는 보수적인 투자를 권하고 있다.

채권 포트폴리오 만들기

채권 투자의 첫 번째 지향점은 안전성 제고에 맞추는 것이 좋다. 채권형펀드로는 높은 투자 수익률을 올리기 어려워 사실상 '잃지 않기 위한 투자'라고 생각하는 것이 마음 편하다. 그러나 높은 수익률을 기대하지 말되, 채권형펀드 중에서 어떤 상품이, 어떤 투자 패턴의 펀드가 수익률이 높은지 따져볼 필요가 있다.

표2에서 보듯 채권형펀드는 모든 종류에서 손실을 보지 않았을 뿐만 아니라, 중장기적으로는 높은 수익률을 기록했다. 단기 수익률만 놓고 봤을 때는 주가지수 변동에 따라 수익률이 바뀌는 주식형펀드의 수익률이 좋다. 하지만 투자 기간이 길어질수록 주식형펀드는 오히려 수익률이 나빠진다. 특정 기간만 놓고 봤을 때는 마이너스 수익률을 기록하는 경우도 잦다.

반면 채권형펀드의 수익률은 거북이걸음이다. 3~6개월 단기수익률은 1~2%에 불과해 물가상승률 수준에 불과하지만, 시간이 지날수록 수익률이 가파르게 오른다. 채권은 기본적으로 복리 상품이기 때문에 시간이 곧 돈이 되는 상품이다. 채권형펀드도 마찬가지로 3~5년 시간이 지날수록 수익률이 가파르게 오른다.

[표 2] **펀드 유형별 수익률 비교** (2012년 10월 2일 기준, 단위: 억 원, %)

유형	순자산	3개월	1년	3년	5년
일반주식형	376,148	6.62	7.68	16.59	2.32
일반주식혼합	20,668	4.21	6.48	14.61	13.71
일반채권혼합	40,969	3.73	6.35	15.86	21.25
일반채권	14,238	1.72	5.11	12.95	24.77
중기채권	37,347	2.69	6.33	19.4	35.12
우량채권	9,632	1.81	4.83	14.81	28.77
KOSPI200	–	7.18	13.52	21.56	5.29
KOSDAQ	–	7.08	16.48	4.22	−34.78

자료: 제로인

펀드는 단기간 '투자−환매'를 반복해 차익을 얻는 투자상품이 아니다. 또 채권 투자의 목적은 맹목적 수익 창출이 아니다. 이런 이유로 채권 투자를 위해 펀드에 돈을 넣는다면 장기투자를 기본으로 삼아야 한다. 수익률은 1년 단위로, 최근 투자 기간 중 손해를 본 적이 있는가를 먼저 꼼꼼하게 체크해볼 필요도 있다.

일단 채권형펀드에 3~5년간 투자한다면 일반채권혼합형이나, 중기채권이 좋아 보인다. 일반채권혼합형은 채권에 대부분의 자산을 넣고 30~40%가량의 자산은 주식에 넣는다. 안전성과 수익률을 함께 추구하기에는 안성맞춤이다. 다만 주식시장의 변동이 수익률에 반영되는 만큼 증시 흐름에 따른 가입 시기를 고려할 필요가 있다.

중기채권은 투자가 활발한 상품은 아니다. 대다수 투자자들이 안전성과 수익성을 동시에 올리기 위해 '아령형'(안전자산+위험자산) 포트폴리오를 구성하는 탓에, 중기채권은 수익성과 안전성, 투자기간 측면에서 인기가 없다. 하지만 중장기 수익률을 놓고 보면 중기채권의 수익률

[표 3] 채권형펀드 수익률 상위 (2012년 10월 2일 기준, 단위: 억 원, 운용규모 100억 원 이상)

펀드명	소유형	순자산 운용규모	3년간 수익률	듀레이션	자산 내 채권 비중
미래에셋퇴직플랜자 1 (채권)종류C	중기채권	195 / 211	23.70	5.00년	100.91
미래에셋엄브렐러 전환 (채권)종류C-i	중기채권	243 / 244	22.88	3.99년	96.1
삼성ABF Korea인덱스 [채권](A)	중기채권	3,148 / 3,597	22.67	4.59년	98.05
미래에셋솔로몬장기국공채 1 (채권)종류F	우량채권	19 / 560	22.02	3.52년	102.6
신한BNPP퇴직연금 자 2(채권)	중기채권	148 / 148	21.28	2.59년	120.2
동양매직국공채 1(국공채)C-1	중기채권	109 / 323	20.59	2.66년	96.66
교보악사Tomorrow장기우량 K-1(채권)	중기채권	16,424 / 17,696	20.36	3.47년	94.77
교보악사Tomorrow장기우량자 2(채권)Class Af	중기채권	2,627 / 2,776	20.34	3.52년	97.52
미래에셋라이프사이클7090연금 전환자 1(채권)	일반채권	328 / 328	19.44	3.62년	98.41
동양High Plus 1(채권) A	일반채권	1,027 / 1,535	18.92	1.84년	89.51

자료: 제로인

이 가장 높다. 시장의 중기적 변화나 흐름에 발맞출 수 있고, 단기채에 비해 수익률이 높은 메리트 덕분이다. 요즘처럼 불확실성이 높은 시기에 채권에 투자한다면 '항아리형'(중위험+중수익+중기) 포트폴리오도 고려해보도록 하자.

비교적 높은 수익률을 기록한 채권형펀드의 공통점은 자산 내 채

[표 4] 하위 수익률을 기록한 채권형펀드					(2012년 10월 2일 기준, 단위: 억 원)
펀드명	1개월	3개월	1년	듀레이션	자산 내 채권 비중
KB국공채단기증권투자신탁 1(채권)	0.18%	0.79%	2.90%	0.31년	60.51%
삼성밸류라이프플랜안정증권전환형투자신탁 1(채권)	0.17%	1.07%	3.30%	1.27년	85.53%
하나UBS단기증권투자신탁 1(채권)	0.17%	1.04%	3.23%	0.06년	57.35%
IBK그랑프리단기채증권(채권)	0.20%	0.82%	3.22%	0.30년	91.59%
HDC현대히어로한증권투자신탁06-1(채권)	0.18%	0.76%	3.02%	0.34년	99.41%

자료: 금융투자협회

권 비중이 90~100%에 달한다는 것이다. 채권을 제외한 나머지는 소수의 유동성으로 구성됐다. 유동성 비중을 높여 환금성을 높인 펀드보다 자산의 대다수를 투자에 쓴 상품들이 수익률이 높았다는 이야기다. 어찌 보면 당연한 말 같지만 앞으로 채권금리 변동이나 경기 회복을 자신해 유동성을 많이 확보, 후손 투자 대응에 나선 펀드보다 향후 경기가 평탄한 흐름을 보일 것으로 전망해 현재의 자산 비중을 지키며 중장기 투자를 벌인 펀드가 수익률이 좋았던 것이다.

듀레이션을 봐도 이를 확인할 수 있다. 듀레이션만 놓고 봤을 때 수익률 상위 1~5위 상품들은 잔존 만기를 통상 3~5년 정도로 길게 가져갔다.

반면 수익률이 떨어지는 채권형펀드들 대부분은 듀레이션이 짧다. 대개 1년 이내로 방망이를 짧게 잡으며 단타 공략 및 상품 환승을 노렸으나 대부분 실패했다. 수익이 좋은 상품의 또 다른 공통점은 자산 비중을 국고채와 회사채 등 안전자산과 위험자산에 적절히 배분했다는 점이다. 채권형펀드 중 수익률이 가장 높은 '미래에셋퇴직플랜자 1(채권)종류C'를 비롯해 대부분 상품들은 국고채 중기채권 투자 상품이다.

그렇다면 이제 앞으로 채권형펀드에 투자한다면 어떤 구성을 갖춘 상품에 어떤 포트폴리오를 갖고 접근하는 것이 좋을까. 글로벌 경기침체에도 한국 정부와 기업의 타격이 크지 않았고, 현재 같은 글로벌 침체가 장기화 국면에 접어들 것이란 전망이 우세하며 앞으로도 장기채에 돈이 몰릴 것이란 전망이 일반적이다.

한국은행이 지난 2010~2011년에 기준금리를 크게 올리지 못한 것도 장기채 인기가 워낙 좋아 기준금리를 인상해도 장기채 금리가 오르지 않았던 점도 상당 부분 작용했다. 이런 와중에 2012년 기준금리 인하가 단행되는 등 경기침체가 예상되는데 단기, 위험 상품에 투자하는 것은 아무래도 부담스럽다. 경제 성장세가 위축된 가운데 앞으로 3년은 있어야 본격적인 회복 국면에 접어들 것이란 전망이 높아 호흡을 길게 가져가는 투자가 필요할 것으로 보인다.

상되면 하락한다. 단기채는 중앙은행이 경기침체를 막기 위해 기준금리를 인하하면 하락하고, 반대로 경기과열 방지를 위해 기준금리를 인상하면 상승한다.

금리가 계속 변하기 때문에 장단기 금리차도 변하기 마련이다. 장단기 금리차를 '현명한 경제학자'로 부르는 이유도 이 변화를 읽으면 향후 경제 상황을 가늠해볼 수 있기 때문이다.

장기금리가 단기금리보다 낮아지는 역전현상이 지속되면 일반적으로 경기침체가 뒤따른다. 향후 경기 불확실성이 증가하면 자금시장에서 돈이 장기채로 몰리기 마련이다. 장기채의 수요가 증가하면 금리가 떨어지고 단기채권의 금리보다도 낮아지는 현상이 발생하는 것이다.

2011년 말부터 증시 불안이 가중되며 채권 인기가 높아지자 장단기 금리 모두 크게 하락했는데 장기채가 단기채보다 더 많이 떨어지며 장단기 금리차가 사실상 역전된 상태며, 장기채 금리는 이제 기준금리보다도 낮다. 경기침체가 길어질 수 있다는 불안이 시장에 반영된 것이다. 미국의 경우도 10년물 국채 금리가 1%대로 떨어지는 등 전 세계적으로 나타나는 현상이다. 채권 금리의 '단고장저 현상'은 일반적으로 경기에 대한 불안감이 확산될 때 나타난다.

채권혼합형 vs 주식혼합형

채권에 투자하는 펀드에는 오로지 채권에만 투자하는 채권형펀드와 수익률 제고를 위해 주식을 일부 편입하는 채권혼합형, 높은 수익률을 노리고 주식에 많은 자산을 투자하는 주식혼합형 등으로 나뉜다.

높은 수익률을 기대하는 투자자로서는 안전성이 뛰어나지만 높은 수익률을 기대하기 어려운 채권형펀드보다 주식을 일부 섞어 주가 상

[표 5] 채권혼합형·주식혼합형 펀드 수익률 상위   (2012년 10월 2일 기준, 수익률 순)

	펀드명	3개월	6개월	1년	채권 비중
국내 채권 혼합형	한국밸류10년투자퇴직연금증권투자신탁 1(채권혼합)	3.09%	6.35%	14.76%	57.34%
	KB퇴직연금배당40증권자투자신탁(채권혼합)C	2.56%	6.01%	14.02%	54.41%
	트러스톤다이나믹코리아50증권투자신탁(주식혼합)A	1.43%	6.78%	13.98%	21.79%
	한국밸류10년투자증권투자신탁 1(채권혼합)	3.01%	5.74%	13.41%	63.22%
	삼성퇴직연금삼성그룹주40증권투자신탁 1(채권혼합)	1.16%	2.38%	12.59%	50.82%
국내 주식 혼합형	IBK삼성&현대차그룹나눔매수&목표달성증권투자신탁 1(주식혼합)A	3.01%	5.26%	23.58%	0.00%
	KTB엑설런트증권투자회사(주식혼합)_A	5.38%	8.06%	17.92%	0.00%
	미래에셋FlexibleKorea증권투자신탁 1(주식혼합−재간접형)종류C−I	3.28%	4.09%	17.29%	33.83%
	한화스마트웨이브90증권투자신탁 1(주식혼합)종류C 5	3.15%	5.61%	16.93%	6.45%
	하나UBS SmartUpPlus포커스포트폴리오증권투자신탁 2(주식혼합)종류A	3.97%	5.64%	16.58%	0.00%

자료: 금융투자협회

승의 수혜를 노리는 혼합형 상품이 매력적일 수 있다. 그렇다면 혼합형 상품 중 채권과 주식 중 어느 쪽 비중을 높게 잡은 상품이 수익률이 좋을까.

혼합형 상품별로 수익률을 비교하면 주식혼합형이 채권혼합형보다 다소 높다. 하지만 자산구성을 보면 알 수 있듯 주식혼합형의 경우 대다수 상품의 채권 비중이 0%이다. 대다수 상품들이 주식비중 90~100%에 일부 유동성으로 구성된 것이다. 사실상 주식형펀드인 셈이다. 이 때문에 주식혼합형 펀드에 채권자산이 혼합돼 있어 안전성이 어느 정도 보장된다고 생각하는 것은 위험하다. 주식혼합형 상품은 주식 종목 포트폴리오를 잘 구성해 수익을 낸 상품이지, 채권 투자를 통해 수익을 일으킨 상품이 아니란 뜻이다.

채권혼합형에서 가장 수익률이 높은 '한국밸류10년투자퇴직연금증권투자신탁 1(채권혼합)'의 경우 총 자산의 60% 정도를 국고채 등 안전 자산에 투자하고, 나머지 40%는 삼성전자와 SK, KT, 신세계인터내셔널과 같은 우량주에 투자해 수익률을 추구했다. 수익률 상위 2~5위 상품들도 마찬가지로 채권에 투자하지 않은 자금은 대장주와 금융주 등에 투자해 안전성을 키웠다. 이처럼 '올인' 투자보다는 채권에 많은 자산을 투자해 기초를 튼튼히 하고, 그 위에 주식 등 위험 자산을 쌓아 보수적으로 수익률을 추구한 상품의 메리트가 컸으며, 앞으로도 이 같은 흐름을 보일 가능성이 높다.

채권형펀드에 대한 적정 기대수익률

채권형펀드가 비록 대박 수익률을 노리는 투자 상품은 아니지만, 적어도 예금 이상의 수익률은 기대하고 투자하기 마련이다. 펀드가 기본적으로 원금 손실 가능성이 있는 상품이기 때문에 은행 정기예금보다는 높은 수익률을 기대하는 것은 당연한 일이다. 그렇다면 채권형펀드 투자 시 예금보다 얼마나 더 높은 수익률을 기대해야 하는 것일까.

전문가들은 일반적으로 은행 정기예금에 비해 2~3%포인트 정도 높은 수익을 낸다는 생각으로 투자해야 한다고 조언한다. 신용등급 BB 안팎의 회사채라면 연평균 수익률이 10%를 넘나들어 은행 예금의 2배 이상의 돈을 벌 수도 있다. 다만 이들 채권은 리스크를 어느 정도 감수해야 한다. 만기 2~3년 정도 남은 AA 등급의 회사채는 평균적으로 3%대의 수익률을, A+ 등급은 4%대, A 등급은 4% 후반~5% 초반, A- 등급은 5% 후반대이다. BBB+ 등급은 6~7% 초반, BBB- 등급은 7% 후반대 수익률이 일반적이다. 투자부적격 등급인 BB 등급 이하의 경우는 10%를 넘어가기 일쑤다.

이 때문에 리스크를 감안해 은행 예금보다 2~3%포인트가량 높은 투자수익률을 올리기 위해서는 수익률이 낮은 국고채 비중을 절반 이상으로 잡고 BBB 전후 신용등급의 회사채를 적절히 섞은 펀드에 투자하면 달성할 수 있다. 국고채 비중을 더 높이는 대신 신용등급이 낮지만 수익률이 높은 상품으로 자산을 구성한 펀드도 답이 될 수 있다.

BB 등급 수준의 투기등급 채권에 투자할 때는 해당 펀드가 어느 회사의 채권에 투자하는지를 먼저 따져보는 것이 좋다. 투기 등급이라고 할지라도, 회사의 향후 성장세가 기대되거나 '이슈'가 있는 채권의 경우 주식처럼 평가등급 이상의 '프리미엄'을 기대할 수 있기 때문이다.

예컨대 워크아웃에 들어갔던 팬택의 경우 투자자들의 손실이 예상됐지만 정상화되면서 높은 수익률을 올렸고, 신용카드 대란 당시 LG·삼성·현대카드 등도 투자 우려를 낳았지만 빠른 속도로 회복했다. 이때 카드채를 매입한 투자자들이 적지 않은 수익을 챙겼다. 정부나 모그룹의 지원이 확실하거나, 해당그룹의 지주회사 같은 곳에서 발행한 회사채인 경우는 신용등급이 낮더라도 관심이 높아지기 마련이다. 채권 투자 전문가들은 상대적으로 낮은 신용등급의 채권에 투자할 때는 그룹지원이 가능한 기업인지, 확실한 영업기반을 갖추고 있는지, 부도위험은 적은지 등을 체크할 필요가 있다고 조언한다.

소매채권매매는
_____ 증권사와의 '싸움'이다

앞서 개인이 채권에 투자할 수 있는 방법으로 증권사 HTS를 통해 할 수 있는 소매채권매매를 소개했지만 '비추'라고 설명했다.

증권사의 소매채권매매는 매매현황 등의 항목을 통해 각 채권의 만기일까지 남은 일수 및 매도·매수호가의 유무 그리고 현 가격대에서의 수익률 등을 쉽게 조회할 수 있어 편리하다.

소매채권이기 때문에 일반 채권의 경우 최소 1,000원 단위로, 전환사채(CB)·교환사채(EB)·신주인수권부사채(BW) 등 주식관련 사채의 경우 최소 거래단위가 10만 원 수준으로 부담도 크지 않다. 단가와 수량을 입력하면 주문금액이 자동으로 계산되는 등 편리성도 갖췄다. 하지만 이런 채권 투자 방법을 추천하지 않은 데에는 이유가 있다.

증권사 HTS를 통한 소매채권매매는 기본적으로 증권사들이 집중하는 수수료 창출 창구가 아니다. 개인이 채권을 이해하고 투자하는 데 한계가 있고, 아직 일반 투자자들 사이에서는 채권이 일반적인 투자처가 아니기 때문이다. 증권사가 채권 발행 및 유통에 대한 정보 제공에 미온적일 수밖에 없는 구조로, 개인이 열과 성을 다해 직접 투자에 나설 요량이라면 차라리 주식에 투자하는 편이 쉽고 편리하다.

또 증권사마다 수익률이 다르고, 개인이 증권사와 승부를 벌여야 하는 점도 문제다. 대부분 채권은 금융기관 채권 딜러들끼리 전화나 메신저를 통해서 거래를 한다. 결국 증권사는 증권사의 채권딜러가 채권시장에서 확보한 채권을 다시 개인 투자자들에게 되파는 것이다. 증권사가 개인에게 파는 소매채권은 소위 '선수'끼리의 거래를 통해 개인에게 넘어온 상품이란 이야기다. 즉 개인의 소매채권 투자는 채권발행자가 아닌 거래증권사와 채권거래를 하는 것이며, 이 때문에 똑같은 채권이라 할지라도 어느 증권사와 거래하느냐에 따라 수익률이 달라질 수 있다. 주식 투자에서는 거래증권사에 관계없이 동시간대에 단일종목 단일가격의 법칙이 성립하지만 소매채권 투자에서는 이 법칙이 성립되지 않는다.

또 채권을 다시 증권사에 되파는 경우 국공채와 특수채 등은 부도위험이 낮기 때문에 증권사가 재매입을 해주지만 회사채는 증권사가 다시 재매입 해주지 않을 수도 있다. 부도위험을 떠안기 부담스럽고, 기본적으로 채권거래는 수수료가 없어 매매차익을 고려해야 하기 때문에 개인에게 불리한 조건을 내미는 경우가 많다. 개인이 채권을 증권사에 되팔 때는 울며 겨자 먹기로 거래를 할 수밖에 없다.

다만 BW·CB·EB·콜옵션·풋옵션부회사채권 등은 매매수수료가 있어 비교적 자유롭게 거래가 가능하다.

물가상승을 투자의 기회로, '물가연동채권'

경기회복 가속화에 대한 압박, 선진국들의 계속되는 양적완화정책, 작황 부진 등 여러 이유로 전 세계는 유례없는 인플레이션 압력에 시달리고 있다. 이런 가운데 경제성장률은 정체되는 스태그플레이션 조짐도 나타나고 있다. 공급 측면에서 비롯된 물가 상승은 금리 조정 등 통화정책으로는 꺾기 어렵다. 바꿔 말하면 정부 등 당국 입장에서 물가를 잡기 위한 실질적인 방법이 없다는 이야기다.

이런 가운데 각국이 경쟁적으로 풀어놓은 뭉칫돈이 아직도 실물자산에 투자되고 있어, 인플레 압력은 당분간 지속될 것으로 보인다.

앞으로 3년 정도의 중기 투자를 목표로 삼는 독자라면 이제부터라도 인플레이션 헤지는 물론 인플레이션을 자산 증식의 기회로 삼는 방법도 강구해볼 필요가 있다. 이를 위해서는 정부가 2010년 6월 내놓은 물가연동채권에 투자하는 것도 한 방법이다.

물가연동채권의 특징은 이율이 고정돼 있지만 원금이 물가 변동을 반영해 실질가치를 보전해준다는 점이다.

예컨대 이율이 2%인 물가연동국채를 1억 원어치 샀다고 가정할 경우 1년 뒤 물가가 지금보다 5% 오른다면 원금은 물가상승률 5%를 반영한 1억 500만 원이 된다. 이자는 투자원금 1억 원이 아니라 불어난 원금 1억 500만 원에 2%를 적용해 총 원리금은 1억 710만 원이 된다. 기본 금리에 물가상승률까지 감안해 이중 수익을 얻을 수 있는 상품인 것이다. 또 글로벌 유동성 증가로 물가가 지속적으로 오늘 가능성이 있는 것도 물가채가 인기를 끄는 요인이다.

물가연동국채는 절세효과도 있다. 이자에는 당연히 과세하지만 물가를 반영한 원금 증가분은 과세 대상에서 빠진다. 또 금리가 일반 국채보다 낮기 때문에 이자소득세도 줄어든다. 다만 2013년 세제개편안이 도입되면 물가 상승으로 늘어난 채권원리금에 대해서도 세금이 부과되니 주의가 필요하다.

또 물가연동국채는 정부가 발행한 국채이기 때문에 안정성이 높고 정부의 거래 활성화 대책으로 매매도 쉽다. 동양증권과 삼성증권은 소액으로 쪼개 개인들에게 판매하고 있으며 각 증권사 HTS를 통해 직접 사고팔 수 있다.

다만 물가가 하락하면 수익률이 떨어진다는 점은 유의하자. 또 금리가 오르면(채권가격 하락) 일반 채권과 마찬가지로 매매 손실을 볼 수 있다. 최근 물가연동국채에 돈이 몰리면서 액면가(1만 원)보다 1,000원 안팎으로 높게 거래되고 있어 실제 수익률은 다소 낮아질 수 있다는 점도 고려해야 한다. 직접투자가 부담스럽다면 물가연동채권을 편입한 펀드에 가입하는 것도 방법이다.

'브라질 채권'에 ____ 주목하자

브라질 채권은 수익률과 안전성 측면에서 최근 가장 관심을 받고 있는 상품으로, 이미 많은 상품이 나왔고 투자도 활발히 이뤄지고 있다.

우선 브라질 채권에 투자하기 전에 브라질이란 나라의 경제에 대해 알아둘 필요가 있다. 브라질은 풍부한 부존자원을 수출해 브릭스 국가 중에서도 빠른 성장을 보인 국가다. 제조업(산업비중 27.9%)과 서비스업(66.2%) 기반이 탄탄하고, 내수시장도 크고 견조해 글로벌 경기침체에도 자생 가능한 경제구조를 갖추었다. 수출은 많고 수입이 적다 보니 외환보유액도 2012년 6월 말 기준으로 3,772억 달러로 세계 6위 수준을 기록하는 등 외부 충격에도 강한 내성을 지녔다.

특히 경제성장률이 높은 신흥국들이 정부부채 비율이 높은 것과는 달리 브라질의 국내총생산(GDP) 대비 정부부채 비중은 2008년 70.7%, 2010년 66.1% 등으로 하향 안정 추세다. 재정적자 비중은 같은 기간 4.0%에서 2.1%로 떨어졌다. 그만큼 금융·재정 상태가 안정적이라 채무불이행 등 불의의 사태가 발생할 가능성도 낮다. 룰라-호세프 대통령으로 이어지는 정치적 안정성과 지속적인 외자 유입, 높은 경제 성장세에 발맞춰 추가 상승 여지가 크다.

덕분에 3대 국제 신용평가사인 무디스는 2011년 6월 브라질의 국가 신용등급 및 전망을 'Baa2 긍정적'으로 올렸고, 피치도 4월에 'BBB'로 한 단계 올렸다. 이제 막 투기단계 수준을 벗어나고 있는 상황이라 안전성과 수익성을 모두 기대해볼 만하다.

더구나 브라질에서는 월드컵과 올림픽이 2014년과 2016년에 걸쳐 잇따라 열리면서 앞으로 최소 5년간은 별 탈 없이 성장세를 이어갈 것으로 보이며, 이에 맞춰 국제적 신뢰도 또한 높아질 가능성이 크다.

군침 도는 브라질 채권 "어떻게 투자할까"

브라질 채권은 요즘 같은 불경기에 매력적인 투자처다. 브라질 채권에 투자하는 상품 중에 '산은삼바브라질증권자투자신탁[채권]A'가 눈에 들어온다. 이 상품의 경우 지난 3년간 수익률이 31.56%에 달하며, '산은삼바브라질주식30증권자투자신탁[채권혼합]A'는 같은 기간 25.36%의 수익률을 달성했다.

높은 수익률에 투자금이 몰리며 2012년 7월 20일 기준으로 브라질 채권에만 투자하는 공모 펀드에 292억 원, 신탁에 4,704억 원, 직접투자에 5,120억 원 등 총 1조 원가량이 투자됐다.

최근 브라질이 자국통화인 헤알화 가치를 지키기 위해 기준금리를 지난 1년간 5%나 내리며 투자수익률이 주춤했지만, 여전히 '비전' 있는 투자처임은 분명하다. 브라질의 2012년 9월 인플레율이 0.57%로 2003년 이래 최고에 달할 정도로 브라질 경기는 뜨겁다. 통화·정책 당국으로서는 기준금리를 올려 경기조절에 나서야 할 상황이다. 향후 1~2년 내 단계적 기준금리가 인상되는 만큼 브라질 채권의 메리트가 다시 부각될 수 있다.

그렇다면 브라질 채권 투자는 어떻게 해야 할까. 기본적으로 브라질 채권 투자는 펀드와 신탁·중개 등의 상품을 매개로 진행되는데, 펀드에 투자할 것을 권하고 싶다.

펀드의 경우 최소 가입금액이 10만 원 이상부터라 부담이 적어 일반인들의 투자가 용이하다. 또 환매가 편하고, 상품구조가 비교적 간단해 이해가 쉽다.

국내에서 판매되는 브라질 채권 펀드상품은 산은삼바브라질·신한BNPP더드림브라질·미래에셋맵스브라질멀티마켓 등이 있다.

미래에셋증권과 동양증권·삼성증권·대우증권·한국투자증권 등 일부 증권사에서는 신탁상품과 직접투자 상품을 판매하고 있지만 신탁의 경우 최소 가입금액이 3,000만~5,000만 원, 직접투자의 경우 3,600만~1,000억 원 수준으로 다소 높다.

또 증권사마다 차이가 있지만 신탁 상품의 경우 수수료가 선취보수

1%에 후취보수는 0.3~0.7% 수준으로 높은 편이다. 삼성증권과 동양증권의 경우 수수료가 1~3.5%로 상대적으로 비싸다. 브라질 투자의 수수료가 비싼 이유는 브라질 현지에서 외국인들은 예탁을 할 수 없기 때문이다. 그래서 국내 자산운용사들과 증권사들은 현지에 있는 은행 등 예탁 가능한 기관들과 계약을 해 상품을 들여오고 있다.

한편 주식 편입 비중이 높은 펀드도 피할 것을 권한다. 브라질 주식형 펀드도 2011년 10월 10%를 넘나드는 수익률을 보였으나, 최근 유럽의 재정 위기로 갑작스런 투자금 회수 등 금융시장의 변동성이 커지고 있어 주식시장의 변동성이 큰 상황이다. 특히 브라질 등 남미국가들의 경우 대부분 현재 재정위기에 시달리는 스페인·포르투갈 등의 식민지였기 때문에 서유럽 국가 은행들이 대거 진출해 있는 등 경제적 연동성이 높다. 이 때문에 서유럽 위기가 확산되면 남미국가들의 피해는 불가피하다.

일각에서는 기준금리 인상에 따른 채권값 하락과 채무불이행 사태 가능성 등을 제기하기도 하지만, 외국인 자금의 지속적인 유입이 채권값을 지지하고 있어 수익률이 추락하거나 디폴트 상황에 빠질 가능성은 낮다는 것이 전문가들의 중론이다.

브라질 투자, 주의해야 할 것들

모든 투자는 양날의 검이다. 당신이 무딘 칼을 쥐고 있다면 공격력(수익률)은 떨어지지만 내게 상해(리스크)를 입힐 가능성이 크지 않다. 하지만 예리한 칼이라면 내게도 큰 피해를 줄 수 있다. 브라질은 예리한 칼과 같은 시장이다. 이런 시장일수록 당신에게 상해를 입힐 수 있는 요소를 투자 전 철저히 공부해 리스크를 낮추는 것이 상책이다.

특히 브라질의 경우 환율 변동성이 높고 채권 투자에 대한 세금이 있기 때문에 이에 대한 리스크를 다시 한번 되짚어볼 필요가 있다.

◆ 환 리스크

브라질 채권 자체의 수익률은 높지만 환율 변동에 따라 오히려 마이너스 수익률이 날 수도 있다. 투자한 브라질 상품이 연간 10%의 수익률을 냈다고 해도 같은 기간 브라질 헤알화값이 15% 떨어졌다면 결과적으로 5%의 손해를 보게 되는 셈이다.

브라질 헤알화는 최근 5년 새 급격한 경제성장과 더불어 50% 가까이 절상됐다. 5년 전에 투자한 사람이라면 브라질 채권 수익률에 환율 상승의 수혜까지 입어 엄청난 수익을 올렸을 것이다. 최근 브라질 중앙은행이 미국의 3차 양적완화에 맞서 달러화 대비 헤알화 가치 상승을 막겠다고 밝힌 바 있어 환율 변동 추이는 주의 깊게 지켜볼 필요가 있다. 또 이와 관련해 자신이 투자한 상품의 매개 화폐가 무엇인지를 판단하고 원·달러·헤알화 사이의 상관관계를 잘 따져봐야 한다.

일단 달러화 대비 헤알화가 강세일 경우는 투자에 유리하다고 생각하는 것이 옳다. 다만 헤알화보다 원화가치가 더욱 올랐다면 투자수익률이 축소되거나 손실이 발생할 수도 있다.

반대로 달러화 대비 헤알화가 약세라면 손실 가능성이 크다. 이 경우에는 헤알화보다 원화가 더 떨어졌다면 수익이 발생한다.

하지만 일부 '환율고정' 상품들이 있고, 브라질 정부가 한국 투자자들에게 환율과 관련된 우호적인 조건을 내밀고 있어 환 리스크를 어느 정도 헤지할 수 있다.

◆ 금융거래세와 수수료

브라질 채권은 높은 금리가 메리트지만 금융거래세(토빈세)가 6% 부
과된다. 예컨대 10억 원을 브라질 채권에 투자했다면, 투자와 함께
6,000만 원이 세금으로 빠진다. 이는 단기 투기자금을 제한하기 위한
브라질 정부의 조치다. 기본적으로 펀드의 연 수익률이 6% 이상이 돼
야 플러스 수익이 나는 것을 기억해두자. 다만 장기투자 하는 외국인
에게는 투자수익에 대한 세금감면이 적용된다.

4장
원자재

경기가 회복되는 즉시
수익률의 왕이 된다

투기자산의 '꽃' 원자재,
전성기 도래한다

글로벌 금융위기 여파로 전 세계 경제가 침체에 빠졌던 2009년. 세계 주요국들은 경쟁적으로 기준금리를 내리고, 재정확충에 나서는 등 경기부양책을 동원했다. 미국은 제로금리를 유지하면서 1조 달러 규모의 천문학적 유동성을 풀었고, 유럽도 장기 저금리 기조를 지키며 돈값을 낮추는 데 혈안이었다. 자금유통을 활성화시켜 경기 선순환을 꾀하겠다는 계산이다.

이런 분위기 속에 호주 중앙은행(RBA)은 2009년 10월 기준금리를 0.25%포인트 전격 인상했다. 글로벌 금융위기 이후 주요 20개국(G20) 중에서 기준금리를 올린 것은 호주가 처음이었다. 호주의 금리 정상화는 경제의 상하방 경직성에 시달리던 주요 선진국들로서는 다소 충격적인 사건이었다. 당시의 경제 흐름이 상승인지, 하강인지, 혹은 수평 국면인지 판단조차 어려운 상황에서 호주가 국내 경제를 '과열'로 판단, 긴축에 돌입했기 때문이다. 또 흐주가 기준금리를 올리면 관련 국가들의 연쇄적 금리 조정이 불가피해 경기침체에 시달리는 미국·유럽 등 선진국들에게는 부담이 이만저만이 아니었다. 그런데 호주는 이 같은 주변 여건을 무시하고 11월, 12월에도 기준금리를 연속으로 인상하며 3.00%였던 정책금리를 3.75%까지 올려놨다. 호주로서는 국내 경제가 뜨거워질 대로 뜨거워져 주변국의 시선을 신경 쓸 겨를이 없다는 입장이었다.

그렇다면 당시 호주경제는 어떠했는가. 호주의 고용은 2009년 하반기부터 꾸준히 오르기 시작해 같은 해 12월에는 신규고용이 3만 5,000명에 달했다. 신규고용이 늘면서 실업률은 완만하게 하락하며 연말에는 5.5%까지 떨어졌다. 고용이 활발해지고 소비재 수요가 늘면서 소비자물가 상승률이 3.7%에 달하는 등 인플레이션 우려도 커졌다. 웨스트팩, ANZ 등 호주의 대형 은행들은 "RBA가 기준금리를 위기 이전 수준으로 끌어올릴 것"이라며 자신 있게 정책금리 전망을 내놓기도 했다. 예상대로 호주는 기준금리를 단계적으로 올리며 이듬해 5월에는 위기 이전 수준인 4.5%까지 인상시켰다.

전 세계, 특히 주요 선진국들이 경기침체에 아우성을 치던 분위기 속에 호주는 어떻게 나홀로 '경기 호조'를 누렸을까. 그 답은 바로 '원자재'에 있다. 선진국들은 경기 하락에 뒹굴고 있던 시절에도 중국·인도 등 제조업을 기반으로 한 신흥국들이 비교적 견조한 성장세를 누리며 원유·철강석 등을 흡수, 글로벌 원자재 수요를 견인했다. 이런 가운데 선진국들이 풀어낸 대규모 유동성도 2010년 글로벌 경기가 회복될 것이란 기대 속에 원자재를 선점하기 시작하며 가격 상승을 부추겼다. 개도국의 원활한 제조업 경기와 글로벌 유동성의 원자재 투자로, 원자재 주요 생산국인 호주의 경기가 호황을 누린 것이다.

농업국가인 호주는 대표적인 원자재 수출국이기도 하다. 호주의 채광산업이 호황을 누리며 금광에서 일하는 광부의 연봉은 20만 달러

(한화 약 2억 2,600만 원, 2011년 기준)까지 치솟은 상황이다. 일할 사람이 부족할 정도로 업황이 좋아 임금도 덩달아 오른 것이다. 상황은 천연자원이 풍부한 캐나다와 페루 등도 마찬가지다. 캐나다 광산업계는 오는 2017년까지 6만~9만 명의 광산 근로자가 더 필요할 것으로 보고 있으며, 페루 광산업계도 현 상태가 유지된다면 2019년 말까지 4만 명의 인력이 더 필요할 것으로 내다보고 있다.

원자재는 경기 회복에 가장 민감하게 반응하는 시장이다. 실수요 자산과 투기성 자산이 집중되기 때문에 가격 탄력성이 높아 단기 가격 변동률은 어느 자산보다도 가파르다. 호주나 캐나다·칠레·브라질 등 자원부국이 글로벌 경기침체에도 호황을 누릴 수 있었던 것도 경기회복을 기대한 원자재시장의 호황 덕분이었다는 것이 전문가들의 중론이다.

지난 2009년부터 오름세를 지속하고 있는 원자재시장은 최근 유럽 재정위기와 실물경기 침체로 다소 침체에 빠졌다. 하지만 대량으로 풀린 유동성과 경기회복 기대감 덕택에 가격 상승 압력은 여전히 높다.

원자재 가격, 상승 압력 여전

원자재에 투자하려는 개인들은 '실물자산'으로서의 원자재와 '투기자산'으로서의 원자재, 두 가지 성격을 동시에 이해하고 접근할 필요가 있다.

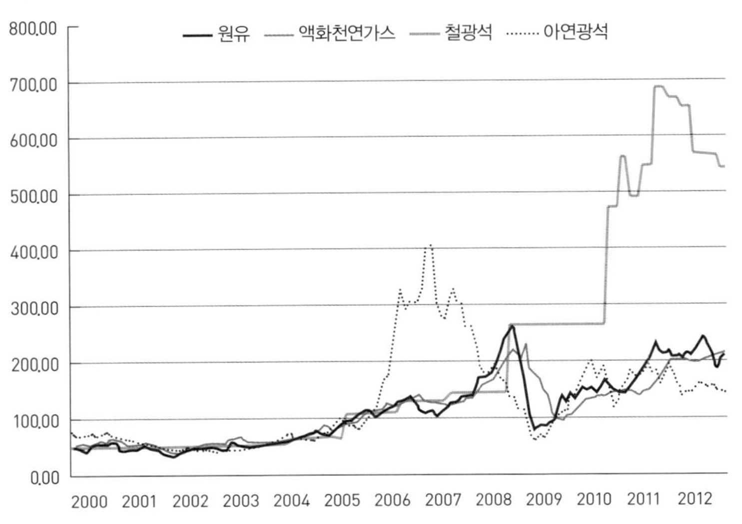

자료: 한국은행

원자재는 일반적으로 실물로서의 자산가치가 오른 이후 투기자본의 추격매수가 이어져 가격이 '2단 점프'하는 경향이 강하다. 반대로 실수요가 감소하면 투기자본도 속속 이탈하며 가격 하락 역시 '2단계 추락'하는 패턴이 일반적이다.

그러나 글로벌 금융위기 이후에는 과도하게 풀린 금융자산이 실수요에 앞서 몰리며 가격이 1단계 급등 후 대체적으로 수평을 유지하고 있다. 현재 원자재시장에 거품이 끼어 있는 것은 분명한 사실이나, 글로벌 자본시장의 대형 주체인 미국·유럽·일본 등이 당분간 자금 회수에는 나서지 않을 전망이라 가격이 급락할 가능성은 높지 않다.

결국 실물경기 회복으로 원자재에 대한 실수요가 본격적으로 늘어날 때 가격 변동이 예상된다. 투기자본이 차익실현을 위해 선물을 대

126

거 매도하면 가격이 하락할 것이고, 반대로 지속적인 가격 상승을 예상해 추가 매수하면 가격은 오를 것이다. 이 때문에 원자재 가격 방향성과 시기를 예상하기 위해서는 앞으로의 실수요 증감을 예의주시할 필요가 있다. 현재로서는 가격 등락을 점치기 어렵지만, 가격 하락보다는 상승에 베팅하는 분위기가 강하다. 이는 원자재 대부분이 중장기적으로 고갈되는 재화이기 때문에 공급 측면의 가격 상승 압력이 커질 수 있다는 전망 때문이다.

수요 측면에서 봤을 때 동(구리)은 사회간접자본(SOC)인 전력의 생산과 공급을 위해 수요가 꾸준하게 증가할 것으로 보인다. 석유 역시 언제든 가격이 큰 폭으로 상승할 수 있는 성격의 원자재다. 곡물의 경우 지구 온난화나 기상 이변 등으로 공급이 감소하는 가운데 인구 증가와 중국·인도 등 이머징 국가들의 경제성장으로 양질의 먹거리 수요가 늘고 있는 추세다.

■ 원자재 가격 상승의 원인 ■

- 제조업 경기 회복기 원자재 수요 증가로 가격 상승
- 3차 양적완화에 따른 국제 결제 통화인 미 달러화 가치 하락으로 상대적으로 원자재 가격 상승
- 원자재는 단기간 채굴량을 늘리기 어렵고, 운송 비용이 상승하고 있어 가격 상승
- 매장량이 유한하기 때문에 중장기적으로 상승 가능성 높음
- 제조업의 생산성·효율성 한계로 원자재의 부가가치가 높아질 가능성 커짐

원자재 투자,
중장기·보수적으로

원자재시장은 통상 개인의 투자가 활발한 분야는 아니다. 하지만 수요·공급 측면과 금융시장의 전반적인 분위기를 살펴봤을 때 투자를 고려해볼 만한 시장임에는 틀림없다. 물론 가격 등락이 가팔라 투자 위험성을 안고 있는 것은 부정할 수 없으나 중장기, 보수적인 투자에 나선다면 수익 창출의 기회는 많다.

저금리 기조 장기화로 수익률에 목이 마른 투자자라면 포트폴리오의 5~10%가량을 매월 적립하는 식으로 투자할 경우 큰 리스크 없이 수익을 꾀할 수 있다. 글로벌 컨설팅 회사인 타워스 왓슨이 글로벌 펀드매니저를 대상으로 원자재시장 전망에 대한 설문조사를 벌인 결과, 긍정적으로 답한 펀드매니저의 비율은 2011년 35%, 2012년 56%로 점차 오름 추세다. 전문가들은 원자재 가격이 최근 몇 년 새 적지 않게 올랐으나, 현재 글로벌 경기가 저점인 상태에서 회복기로 접어들수록 가격 상승 흐름이 이어질 것이며, 이 때문에 원자재 실물에 투자하는 상품에 가입할 것을 추천하고 있다.

다만 투기자본의 유출입이 잦은 시장이라 가격 하락기에 거품이 순식간에 빠질 수 있다는 점은 주의해야 한다. '돈의 흐름'에 민감한 시장인 만큼 글로벌 금융시장 및 환경 변화에 언제나 주의를 기울여야 한다는 이야기다.

원자재 가격 결정과
____ 재테크 방법

원자재의 가격 구성은 어떻게 구성돼 있으며, 가격 결정은 어떻게 이뤄질까. 원자재 가격은 일단 인건비·유통비·원재료비·토지임대료 등 생산원가에 적정 수준의 마진을 더해 구성된다. 카메라·세탁기·컴퓨터 등 여느 재화와 크게 다르지 않다. 경기호조로 신발·자동차·옷·IT기기 같은 소비재나 기계·장치·공장건물 등 산업용 내구재 등의 수요가 늘면 원자재 가격은 당연히 오른다. 기본적으로 원자재값도 수요와 공급이란 경제학의 기본 원리에서 벗어나지 않는다.

하지만 가격이 꼭 실거래 증감에 따라 결정되지는 않는다. 시세가 바뀔 것을 예상하고 차익을 얻기 위한 거래가 이뤄지기 때문이다. 이 같은 시장을 투기성 재화시장이라고 부른다. 결국 원자재의 '거래가격'은 수요·공급에 따른 시세 변화에 투기자금의 유출입 정도에 따라 결정된다는 의미다.

투기성 재화시장은 또 하나의 특징이 있다. 1%의 거래가 100%의 가격을 결정짓는다는 점이다. 전체 물량 중 극히 일부 물량의 거래가격이 전체 시장가를 결정한다. 하루에 거래되는 삼성전자의 주식이 전체 물량의 1% 안팎에 불과하지만 삼성전자의 시가총액이 이날 바뀌는 주가에 따라 결정되는 것과 마찬가지다. 강남 집값이 타워팰리스 등 일부 아파트 가격의 거래가격에 의해 결정되는 것과도 같다고 볼 수 있다.

조금 과장하면 이렇다. 예컨대 배럴당 100달러에 거래되던 서부텍사스산 원유(WTI)를 어느 날 150달러에 매수하겠다는 주문이 2~3배럴만 나와도 전체 가격 기준은 150달러로 급등한다. 반대로 50달러에 매도 주문이 나온다면 전체 가격 역시 50달러 선으로 떨어진다. 전체 물량 중 극히 소수의 값이 바뀌어도 전체 시장가격은 모두 변하는 것이다. 원자재의 대체재가 없다는 점도 원자재 가격 결정에 투기자본의 영향력을 키우는 요소다. 석유나 철광석·구리 등을 대체할 여러 종류의 자원이 다수 있다면, 특정 원자재 가격이 급등해도 대체재로 수요가 옮겨가며 가격 급등을 제한할 것이다. 하지만 원자재는 이를 대체할 만한 수단이 없어 투기자산의 유출입에 가격이 민감하게 반응한다.

원자재는 가격 상승 초기 기존의 시장 모멘텀으로 지탱할 수 있지만, 일정 수준까지 오르면 가격 수준을 유지하기 어려워진다. 결국 거품을 더 키울 자본의 유입이 없다면, 혹은 실물경제가 거품 생성 속도를 못 따라간다면 거품은 붕괴한다는 점을 유의해야 한다. 거품 붕괴가 예상된다면 투자금을 원자재시장에서 예금이나 국채시장으로 옮겨두는 것이 안전하다. 일반적으로 상대적으로 버블이 많이 끼는 주식과 부동산시장의 붕괴 여부를 통해 원자재시장의 자금 이탈을 점칠수 있다. 이후 자산거품이 걷히기 시작하고 정부가 경기활성화를 위해전력·도로·항만과 같은 SOC 투자를 늘린다면 구리나 석유 등 SOC 관련 원자재에 먼저 투자하는 전략을 취하자. 원자재 가격이 상승하기시작하면 시장을 빠져나와 주식시장에서 증권주 중심으로 투자를 늘리는 것이 안전하다. 원자재 가격이 상승하면 경기회복에 대한 기대감이 높아져 경기선행지수인 주가 상승의 요인이 되며 경제개발주를 중심으로 주식 거래가 늘어나기 때문이다. 참고로 지난 2008년 초 한국시장경제연구소는 국제유가 등 원자재 가격이 상승하자 연말 적정 코스피가 1200선 수준이라고 주장하면서 주식을 적극적으로 팔아야 할때가 왔다고 주장했다. 그리고 2009년 초 코스피가 1200선 안팎에서움직이자 1월에는 구리, 2월에는 석유(WTI) 펀드, 3월 말에는 주식에투자할 것을 제안한 것도 이 같은 투기성 자금의 이동 성향을 감안한것이다.

원유, 경기회복기 '수익률의 왕'

원유는 공장에 불을 지피고 기계를 돌리며, 자동차·배·비행

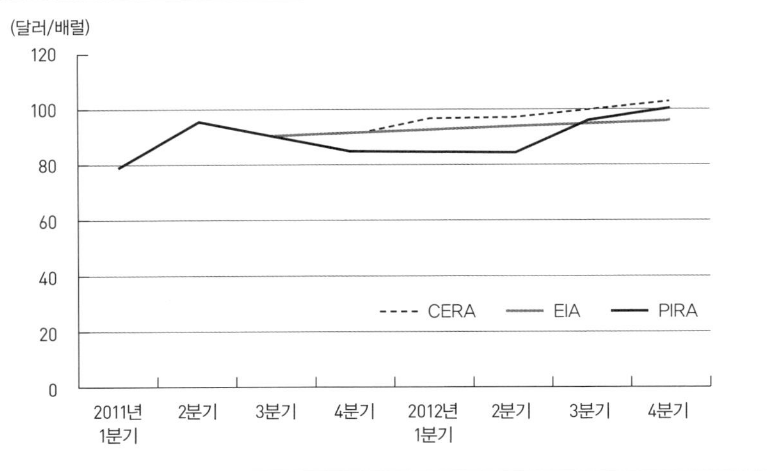

주: CERA–영국 캠브리지에너지연구소, EIA–미국 에너지정보청, PIRA–석유산업연구소
자료: 석유공사

기 같은 운송 수단을 움직이는 산업활동의 기본이 되는 원자재이다. 이 때문에 경기회복기에 접어들면 어느 자산보다도 가격 상승률이 가파르며 민감하게 반응한다. 특히 요즘처럼 국제금융 시장에 자금이 널려 있고, 미국 등 주요 소비시장의 경기회복 기대감이 높은 시기에는 투기자금이 몰리기 마련이다.

특히 지난 2011년 터진 중동·북아프리카 지역의 민주화 열풍에 따른 지정학적 리스크가 부각되면서 이머징마켓이 많이 소비하는 두바이유가 급등했듯, 국제정세 등의 정치적 이슈에도 반응이 빠르다. 글로벌 위기 이후 각국 간 보호무역주의와 자원보호주의가 심해지고 경제 이슈를 둘러싼 정치적 갈등이 격화되고 있어 비경제적 이슈에 따른 가격 상승도 예상된다.

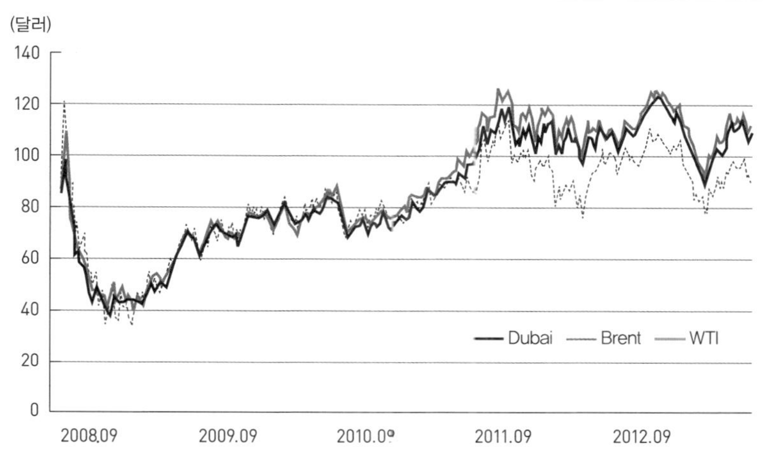

자료: 석유공사

원자재가 한치 앞도 내다볼 수 없는 강한 변동성을 지녔다고는 하지만 2년 이상 장기 투자를 목표로 삼고 있다건 원유에 넣어두어도 무방하다는 판단이다. 이머징마켓의 긴축 기조와 부양책 실패에 따른 경기회복 기대감이 위축됐다는 점은 부담이지만 세계경기가 착실히 회복세를 맞고 있어 원유값 상승에 베팅하는 분위기가 강하다. 최근 이란 등 정치적 이슈가 터지면서 유가가 배럴당 200달러 이상 치솟을 것이란 전망도 나오고 있다. 프랑스 대형은행인 소시에테제네랄은 "국제유가는 서방의 이란 금수 조치가 단행되면 브렌트유 기준으로 배럴당 150달러까지, 서방의 금수 조치에 반발한 이란이 원유 주요 공급로인 호르무즈 해협을 봉쇄하면 배럴당 200달러까지 치솟을 수 있다"고 관측하기도 했다.

원유의 종류는 산지에 따라 품질과 값이 차이가 난다. 크게 두바이유·브렌트유·서부텍사스중질유(WTI) 세 가지로 나뉘는데 이 중 품질이 가장 좋은 것은 서부텍사스산 원유다. 가솔린이나 나프타처럼 값나가는 성분이 많이 들어 있고 불필요한 황의 함량이 낮다. WTI유 다음은 브렌트유, 그 다음은 두바이유다. 가격도 당연히 품질 순으로 결정된다. 특히 2000년대 들어선 휘발유의 환경규제가 강화되면서 황 함량이 낮은 좋은 원유를 찾는 수요가 늘어 WTI유의 메리트가 더욱 부각되고 있다.

그런데 최근 들어선 두바이유에 대한 실수요 및 투기자금의 유입이 거세지며 가격이 역전됐다. 미국의 경기침체 등으로 WTI유의 수요가 위축된 대신 두바이유는 중국 등 이머징국가의 견조한 성장세로 실수요가 늘었다. 이머징 국가가 가격이 저렴해졌고 품질이 좋은 WTI유를 사들인 이유도 있지만, 미국 정부가 원유의 해외 반출을 법으로 금지하고 있어 WTI유가 아무리 싸져도 여타 국가는 사들일 수 없는 이유도 있다.

현재 미국에는 소비가 안 된 채 쌓여 있는 WTI유가 산적해 있는데 가격이 떨어진 현 시점에 투자하면 향후 미국의 경제회복기에 적지 않은 수익을 올릴 수 있을 것으로 기대된다. 물론 브렌트유와 두바이유의 가격도 오를 것으로 전망돼 매력적인 투자처인 것은 마찬가지다.

그렇다면 원유에는 어떻게 투자해야 하나. 원유 투자는 대부분 선물로 이뤄진다. 원유는 실거래를 하기에는 운송 및 보관 비용이 많이 들어간다. 직접 실물을 거래하려면 바다 건너 원유가 올 때까지 몇 달을 기다려야 하고, 원유를 안전하게 보관할 수 있는 대규모 창고와 보안 시설도 필요하다. 그래서 투자자들은 원유 실물을 나중에 인도받

[표 1] 주요 투자은행의 국제유가 전망 (단위: 달러/배럴)

	2012년					2013년				
	1분기	2분기	3분기	4분기	연간	1분기	2분기	3분기	4분기	연간
평균가	118	109	109	110	112	110	109	112	112	111
고가	–	–	–	123	127	125	125	131	132	128
저가	–	–	–	95	80	90	75	75	80	90

* 2012년 10월 17일 37개 투자은행들의 브렌트유 가격 전망
자료: 블룸버그, 삼성경제연구소

기로 하고 지금 당장은 미래에 받을 원유 가격만 제시하는 식으로 거래한다. 거래 편의성을 위해 실물이 아닌 가격과 해당 가격에 매입할 수 있는 권리만 교환한다. 이것이 바로 원유 선물이다. 예컨대 현재 원유 가격이 배럴당 100달러인데, 2개월 후에 거래되는 원유선물은 배럴당 120달러라고 가정하고 정해진 가격에 거래하는 식이다. 그런데 원유가 필요한 사람은 지금 배럴당 100달러를 주고 사면 되지 왜 2개월 후에 120달러를 주고 사겠다는 선물 매수거래를 할까. 이는 창고 비용 때문이다. 원유는 2개월 후에 필요한데 지금 사두면 싸겠지만, 사둔 원유를 저장할 곳이 없으니, 어쩔 수 없이 선물을 사들이는 것이다. 만약 거대한 창고가 있는 사람은 원유선물을 배럴당 120달러에 팔고 지금 시장에서 거래되는 원유를 배럴당 100달러에 사서 보관해두었다가 2개월 후에 그 원유를 넘겨줄 수 있을 것이다. 이것이 바로 '차익거래'다. 배럴당 20달러의 수익에서 창고비용을 뺀 나머지가 이 차익거래에서 얻는 이익이다. 곡물이나 원자재 같은 것들의 선물거래가 많은 이유는 이렇게 저장공간이 부족하기 때문이다.

원유펀드 투자자들은 한 가지 이해하고 넘어가야 할 점이 있다. 바

[표 2] **원유펀드 수익률 비교** (2012년 10월 2일 기준)

펀드명	1개월	3개월	1년
한국투자WTI원유특별자산자투자신탁1 (원유-파생형)(A-e)	−3.21%	15.34%	9.53%
삼성WTI원유특별자산투자신탁1 [WTI원유-파생형](Ce)	−3.15%	16.77%	7.94%
미래에셋TIGER원유선물특별자산상장지수투자신탁[원유-파생형]	−3.14%	16.99%	7.97%

자료: 금융투자협회

로 '이월 충격'이다. 국내 원유펀드 중 설정액이 가장 큰 삼성자산운용의 삼성WTI원유펀드의 경우 액면금액의 95%를 WTI원유에 투자하는데, 펀드 수익률이 WTI유 원유 선물 가격 상승폭의 절반에 불과하다. 이는 원유 선물 가격 변동, 선물 투자분에 대한 환손실 여부, 선물 외에 투자하는 채권 투자 손익, 월물 교체에 따른 손익(이월 효과) 등의 요인이 복합적으로 작용한데서 비롯된다.

특히 문제가 되는 것은 월물 교체에 따른 손익, 즉 이월 효과이다. 일단 원유펀드는 펀드 속성상 꾸준히 원유 투자를 할 수밖에 없는데, 글로벌 금융위기 이후 원유 선물 시장에서 유가가 점진적으로 상승할 것이란 기대감에 원월물(만기가 멀리 떨어져 있는 선물)값이 근월물(만기가 가까이 있는 선물)값보다 비싼, 이른바 콘탱고(선물 가격이 현물 가격보다 고평가) 상태가 지속되며 현물 프리미엄이 지속적으로 약화됐다. 투자자들이 앞으로 유가가 더 높아질 것에 베팅하면서 현시점보다 멀리 떨어진 기름값을 더 비싸게 주고 거래한다는 뜻이다. 결국 펀드는 선물 만기 때마다 더 비싼 선물을 사들여야 하기 때문에 수익률이 낮아질 수밖에 없다. 그렇다고 고질적인 이월충격을 안고 있는 원유펀드에 가입

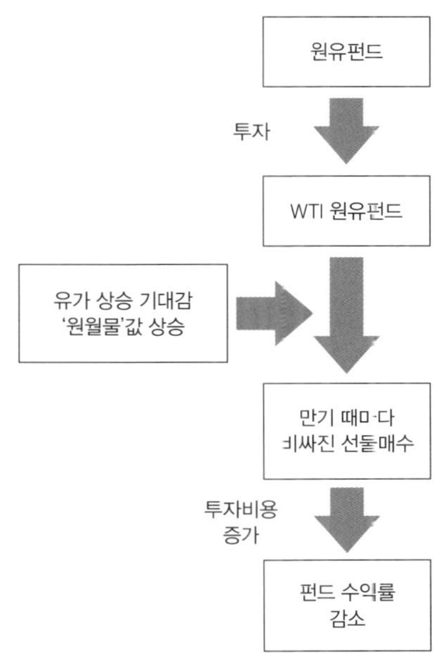

하지 말아야 한다는 이야기는 아니다. 원유 시장은 선물 1계약에 8만 달러나 하는 전형적인 큰손 플레이어들의 무대라 일반인이 접근하기는 사실상 불가능하다. 원유에 투자하고 싶은 투자자라면 펀드만큼 저렴한 가격에 손쉽게 투자할 수 있는 수단은 없다. 결국 이월 충격은 일반인이 접근하기 어려운 선물 시장에 투자하는 데 들여야 할 입장료 정도로 생각하는 것이 좋다.

또 조금 더 생각을 발전시키면 원월물값이 비싸다는 것은 글로벌 투자자가 유가를 장기적으로 밝게 보고 있다는 뜻이기도 하다. 따라서 선물 펀드는 중장기 투자가 필수다. 인플레이션 리스크 방어 차원에서 일정 부분 원유를 담아두기 원하는 보수적인 투자가 적합하다. 최근에는 '미래에셋맵스 TIGER WTI 선물 ETF'처럼 이월 충격을 낮춰주는 상품도 나왔다. 이 상품은 만기 때 원월물과 근월물과 가격 차이가 적은 선물로 갈아타기 때문에 이월 충격이 줄어든다.

최근에는 일반 WTI선물에 투자하는 펀드에서 벗어나 유전에 직접투자는 수익을 올리는 펀드도 각광을 받고 있다. 대표적인 상품으로 삼성증권과 KDB대우증권이 2012년 1월 공동으로 판매하기 시작한 '한국투자 앵커(ANKOR) 유전해외자원개발 특별자산투자회사 1호'다. 이 상품은 당초 모집규모가 3,500억 원이었는데 모집 보름 만에 4,200억 원이나 몰려들 정도로 많은 관심을 받았다. 유전펀드는 투자금을 모은 뒤 유전 지분을 인수, 그로부터 나오는 수익을 배분하는 구조다. 실제 투자 대상은 한국석유공사와 삼성물산이 각각 미국에 설립한 자회사를 통해 8대 2로 보유하고 있는 멕시코만 앵커 유전이다. 이 유전펀드는 한국석유공사 자회사가 보유하고 있는 지분 중 29%를 인수하게 된다. 예상수익률은 연 10%로 높은 수준이며, 만기는 15년(2026년 4월)으로 길지만 3월 중 상장될 예정이라 현금화가 가능하다.

이 상품은 에너지 자급률 제고라는 정부의 목표에 따라 고액자산가의 경우 소득에 대해 5.5~15.4%까지 분리과세 혜택도 주어진다. 특히 한국무역보험공사의 보험을 통해 투자원금 기준 82.5% 보전도 예정하고 있다. 5년 전 선보인 한국유전 15-1 펀드가 7~8.5%대 수익률로 최근 만기를 달성하면서 수익률과 안전성 면에서도 검증을 받았다는 평가다.

땅속에 묻힌 석유는 도대체 얼마나 남아 있는 것일까. 자원은 유한하다는 데 과연 앞으로 쓸 수 있는 양은 얼마나 되는 것일까. 지난 1980년대만 해도 석유자원이 앞으로 30년 내에 고갈될 것이란 전망이 대두되며 정부차원에서 전방위적인 에너지 절약 캠페인을 벌였다. 대체에너지 개발이 힘을 받으며 당시 모든 신축 빌라의 옥상은 태양광전지판으로 빼곡했다. 하지만 현재는 새 유전이 개발되고 시추기술이 발달하면서 석유는 앞으로 50년은 넉넉히 쓸 것이란 전망이 주를 이루며 태양광전지판은 이제 모습을 감추게 됐다. 그렇다면 과연 우리가 쓸 수 있는 석유는 얼마나 남아있는 것일까.

가장 많이 인용되는 영국의 석유 메이저 브리티시페트롤리엄(BP)은 석유의 확인매장량을 약 1조 2,400억 배럴로 보고 있다. 이는 현재의 소비 속도를 감안하면 앞으로 42년 뒤에 고갈될 수준의 양이다. 석유 매장량이 얼마 남지 않았다고 주장하는 측은 러시아·미국·멕시코 등 주요 석유 생산국에서 더 이상 대형 유전이 발견되지 않고 있으며, 기존 유전들도 대부분 고갈됐다며 석유의 시대가 종말을 맞았다는 이른바 '피크오일(Peak Oil)'을 부채질하고 있다.

반면 석유가 아직 충분히 쓸 만큼 남아있다고 주장하는 측은 에너지 효율이 높아졌고, 탐사 및 시추 기술도 좋아져 기존에 경제성이 없던 광구를 새로 개발해 여유가 생겼다고 보고 있다. 이 같은 주장을 근거로 영국 케임브리지에너지연구소(CERA)는 세계 석유 매장량을 4조 8,200억 배럴로 추정하고 있다. 기존에 생산된 1조 800만 배럴을 제외하더라도 여전히 3조 7,400억 배럴이 남았다는 것이다. 이는 인류가 앞으로 80년 이상 사용할 수 있는 양이다.

대다수 원유 생산국은 매장량 공개를 꺼리고 있어 누구의 말이 맞는지는 정확히 알 수 없다. 하지만 매장량이 충분하다는 주장과 이미 꺾인 상태라고 말하는 측의 주장은 너무나도 크게 엇갈린다. 과연 그 이유는 무엇일까. 일단 석유 매장량 전망은 조사 기관의 이해관계에 따라 크게 엇갈린다. 유가가 하락할수록 유리한 증권 전문가와 경제연구소 등은 석유 매장량에 아직 여유가 있으며, 대체에너지가 속속 개발되고 있어 고갈 시기를 늦출 수 있다고 주장한다. 반면 유가가 상승하면 이익을 보는 석유 시추 및 정유사 측 전문가들은 현재 매장량으로는 앞으로 40년 밖에 못 쓸 것이라고 주장한다. 이들은 특히 심해에 매장된 석유는 생산원가가 높고, 오일샌드는 효율성이 낮기 때문에 석유 가격은 중장기적으로 상승할 수밖에 없다고 주장한다.

현재로서는 생산비용과 기술 문제로 생산이 어려운 석유에 대한 매장량 산정이 돼 있지 않아 설득력 있는 추정치는 나오지 못하고 있는 상태다. 석유가 유한한 자원이긴 하지만 어느 추정치가 맞거나 틀리다고 평가하긴 아직 이르다는 이야기다.

곡물가 상승은
계속된다

곡물 가격은 글로벌 유동성 과잉에 따른 계속되는 작황부진으로 인해 지속적인 상승세가 예상된다. 또 전 세계 인구 증가와 중국·인도 등 신흥국의 곡물 소비가 늘어나면서 가격 상승세는 더욱 탄력을 받을 것으로 보인다.

2012년 세계 곡물 생산량은 22억 8,600만 톤(유엔식량농업기구(FAO))으로 전년 대비 3.5% 증가할 것으로 추정되는 가운데 세계 곡물 소비

구분	최고치[1]	2008년 평균	2011년 평균	2012년 9월	2012년 10월[2]	10월 가격 변동폭	
						전월 대비	전년동월 대비
밀	470	294	261	322	318	−1.2	38.2
옥수수	327	208	267	300	296	−1.6	18.8
대두	651	453	484	615	563	−8.4	26.3

주1) 밀 2008년 2월 27일, 옥수수 2012년 8월 21일, 대두 2012년 9월 4일
주2) 10월 1일~19일까지의 평균가격
자료: 농촌경제연구원 농정포커스 33호

량은 전년에 비해 2.4% 늘어난 23억 1,700만 톤으로 예상, 수요가 공급을 초과할 것으로 관측된다. 소비 증가로 재고율이 떨어지며 세계 곡물 수급은 불안함을 이어갈 것으로 보이며, 경기가 회복세로 돌아설 경우 국제 곡물 선물 가격은 또 다시 강세로 돌아설 가능성이 높다.

옥수수·대두 가격 상승 전망

대표적인 투자 곡물인 옥수수와 대두는 2013년 들어서도 가격 상승세가 지속될 전망이다. 옥수수의 경우 중국의 풍년으로 2012년 생산량이 8억 6,009만 톤으로 전년 대비 3.8% 증가할 것으로 보이는 가운데, 브라질·중국·러시아·아르헨티나 등 주요 수출국의 사료 소비 증가로 소비량은 꾸준히 늘어날 관측이다. 이에 따라 2012년 세계 옥수수 기말 재고율은 지난 1974년 곡물 파동 이후 가장 낮은 14.2%로 떨어질 전망이다. 또한 옥수수 최대 생산국인 미국에서 2012년 극심한 가뭄이 발생하며 생산량이 전년 대비 13% 감소할 것으로 보여 옥수수 가격 상승을 부채질하고 있다.

대두의 경우는 2012년 세계 생산량이 전년 대비 2.1% 감소한 2억

5,860만 톤에 그칠 것으로 보인다. 이런 가운데 세계 대두 수입의 60%를 차지하는 중국의 수입량이 5,650만 톤으로 전년 대비 8.7% 증가할 것으로 보여 2013년에는 수급 불균형이 예상된다. 2012년 대두 기말 재고율은 24.1%로 전년 대비 3.5%포인트 하락할 것으로 보인다.

밀 가격 역시 세계 2위 밀 생산국인 호주의 가뭄으로 2012~2013년 밀 생산량이 2,000만 톤을 밑돌 것으로 보이고, 러시아 역시 작황부진으로 수출을 제한할 것으로 보여 가격 상승이 불가피하다. 한국농촌경제연구원 농업관측센터 분석에 따르면 2012년 4분기 밀가루 가격은 2분기보다 30.8% 오를 것으로 보인다.

잘 나가던 '철(鐵)' 주춤,
____ 2013년 하반기 이후 노리자

글로벌 경기침체에도 높은 상승세를 기록했던 철강은 2012년 들어서 주춤한 모습이다. 미국과 유럽의 경기침체로 세계 제조업 경기를 끌어온 중국과 인도의 성장률이 다소 떨어졌고, 소비재와 내구재 수요가 줄면서 철강의 수요가 줄었기 때문이다.

국제 철광석 스팟(단기 현물 거래) 가격은 2011년 3분기에는 회복 기대감으로 톤당 170달러를 넘었지만, 2012년 3분기에는 중국 수입 가격 기준으로 120달러 선까지 떨어졌다. 특히 2012년 2분기에는 15%가량 빠진 것으로 추정되며, 가격하락세는 적어도 2013년 상반기까지는 이어질 전망이다. 알루미늄 가격도 2012년 3월 이후 약 반 년 새 20% 하

[표 4] 세계 철강 명목소비 전망

구분	명목소비(백만 톤)			증감률(%, 전년대비)		
	2010년	2011년	2012년	2010년	2011년	2012년
EU(27)	144.9	155	158.9	21.1	7	2.5
기타유럽국가	29.6	33	34.8	24	11.3	2.7
독립국가연합(CIS)	48.6	55.6	59.8	34.5	14.4	7.5
NAFTA	110.9	120.9	126.8	32.8	9	4.9
중남미	45.6	47.8	52.4	35.2	4.7	9.8
아프리카	24.5	21.4	23.8	−8.9	−12.7	11
중앙아시아	47.6	50	53.9	14.6	5	7.9
아세안	860.6	914	963.1	11.1	6.2	5.4
세계전체	1312.4	1397.5	1437.6	15.1	6.5	5.4
세계전체(중국 제외)	714.3	754.3	792	21.3	5.6	5
선진국	372.7	392.9	403	24.4	5.4	6.6
이머징마켓	939.6	1004.6	1070.6	11.8	6.9	6
중국	598.1	643.2	681.6	8.5	7.5	6.4
BRICs	725	777.4	827.1	11.1	7.2	8.7

자료: 국제철강협회(WSA)

락했고, 니켈 역시 30%나 급락했다.

이는 경기회복 기대감에 2011년부터 철강생산량이 늘어났기 때문이다. 유엔무역개발회의(UNCTAD)가 2012년 3분기에 발표한 보고서에 따르면 2011년 전 세계 철광석 생산량은 19억 2,000만 톤으로 2010년 대비 4.7% 늘어났다. 2012년에는 전년 대비 8,000만 톤 증가한 20억 톤이 생산되고 2013년에는 이보다 8,000만 톤가량 생산량이 늘어날 것으로 전망했다.

철광석 생산량이 크게 늘어난 반면 경기회복이 늦어지며 실수요가 위축됐고, 실망감을 드러낸 투기자산이 속속 이탈하면서 가격 하락에 불을 당긴 것으로 해석된다. 특히 중국 철강업계의 과잉 고정자산투자로 생산 능력이 명목소비량을 크게 앞지른 것도 가격 하락을 부채질했다. 중국은 경제성장률 제고를 위해 2012년 들어서도 설비투자를 늘린 까닭에 철강사들의 실적 악화가 현실화되고 있다.

하지만 2012년 하반기 들어 철강 소비가 살아날 조짐인 데다 2013년에 신흥국을 중심으로 대규모 SOC 사업이 예정돼 있어 2013년 하반기부터는 가격 반등이 기대된다. 미국의 경우 건설업 건축허가 면적이 2012년 1~4월 동안 전년비 30% 증가하면서 바닥을 찍은 것으로 보이고, 자동차 판매도 1~5월 동안 전년 동기 대비 13% 증가했다. 더불어 석유 및 천연가스를 위한 채굴수(RIG)가 증가 추세여서 강관의 수요 증가로 이어질 전망이다.

또 철강 소비량이 매년 10%씩 늘고 있는 동남아시아의 경우는 인도네시아·필리핀·태국 등을 중심으로 홍수 피해복구와 공항 확장, 교량 건설 등의 대규모 사업을 예고하고 있다.

아연·니켈·납… 비철금속은 저조할 듯

아연과 니켈, 납 등 비철금속은 원자재 재테크 열풍의 수혜를 받지 지난 2010년 봄. 스탠다드차타드은행(당시 SC제일은행) PB들이 모여 앞으로 성장 가능성이 높은 투자처에 대해 회의를 벌였다. 유동성이 대량으로 흘러나오며 금·원유 등 원자재 투자가 부각될 것이라는 데에 의견을 함께 하고 어느 상품에 투자할지 토의를 거쳤다. 당시 PB들이 고민 끝에 선택한 상품은 'PCA골드리치펀드'였다. PCA골드리치펀드는 국제 금 현물 기준 가격과 연계된 장외 파생상품을 투자대상으로 하는 상품으로 호주 달러화로 투자가 이뤄졌다. PB들이 이 상품을 선택한 근본적인 이유는 금값 상승이 예상됐기 때문이지만, 주요 금 생산국인 호주 달러의 강세가 예상된 점도 적지 않은 경향을 미쳤다.

투자자들이 해외펀드를 통해 수익을 낼 수 있는 방법은 크게 두 가지다. 펀드가 투자하는 자산의 가치가 오르는 경우와 환율 변동에 의한 환차익이 발생하는 경우다. 그런데 글로벌 금융위기 이후 경기부양에 나선 미국이 달러화를 과잉으로 발행하며 달러값이 지나치게 싸졌다. 상대적으로 한국·중국·일본 등 아시아 통화의 가치는 크게 올랐고, 지금도 가격 상승이 진행 중이다.

해외펀드와 환 전략은 떼려야 뗄 수 없는 관계다. 원자재 펀드는 물론 주식형 펀드까지 대부분 해외펀드는 대부분 달러 표시 자산에 투자한다. 글로벌 거래 결제와 환전 편의성 등을 고려했기 때문으로 투자자들이 일반적으로 접하는 해외 펀드 혼 헤지는 주로 원-달러 환율을 중심으로 이뤄진다. 일단 시장에서는 점진적인 원화 강세(달러 약세)가 지속될 것으로 보고 있다. 원화 가치가 점진적으로 올라간다면 펀드 수익분이 원화값 강세로 희석될 수 있는 환노출형(환율 변동이 수익률에 적용) 펀드보단 환헤지형(환율 변동 리스크를 방어) 펀드가 수익률을 방어하는 데 유리하다.

결국 개별 기초자산 등락에 따른 수익에만 신경 쓰고 싶다면 환헤지 펀드에 가입하는 것이 현명한 선택이다. 일반적으로 투자 대상 통화가치가 하락할 것으로 예상될 경우에는 환헤지형이 유리하고 반대로 투자 대상 통화가치가 상승할 것으로 기대될 경우는 환차익 효과를 누릴 수 있는 환노출형이 낫다. 그렇다고 해외 펀드에 무조건 환헤지를 하는 것이 꼭 정답은 아니다. 환율은 어디까지나 상대적인 개념이다. 스탠다드차타드은행 PB들의 선택처럼 한국 원화에 비해 통화 절상이 크게 이뤄질 것으로 예상되는 국가에는 환노출 전략을 걸어 현지 투자로 투자한다면 환차익을 볼 수도 있다. 한국보다 펀더멘털이 좋아 원화 이상으로 가치가 오르는 통화가 있다면 환노출 전략을 쓰는 것이 유효할 수 있다. 결국 환노출 전략을 생각하고 있다면 달러가 아닌 현지통화로 투자하고, 한국보다 성장 동력이 큰 나라에 투자하는 두 가지 전제 조건을 갖춘 펀드에 베팅하는 것이 유리하다.

못할 것으로 보인다. 근본적으로 이들 원자재의 수요가 동반 감소했고, 투기자금이 몰린 철광석 등과는 달리 금과 알루미늄을 제외한 비철금속에는 자금 유입이 거세지 않았기 때문이다.

아연의 경우 통상 건축재로 사용되기 때문에 건설경기가 활성화되면 수요가 증가하는데, 최근 철강 수요가 아연을 잘 사용하지 않는 개발도상국에 집중돼 있다. 납의 경우는 배터리용으로 주로 사용되기 때문에 수요는 꾸준하나 불순물을 제거한 금속의 인기가 떨어지며 생산량이 줄고 있는 추세다. 니켈은 최대 수요처가 스테인리스스틸인데, 주요국들이 에너지 효율 강화를 목표로 꼽으며 사용이 줄었다.

금(金) 권좌 넘보는 은(銀)

금융시장 불안이 가중되면서 금과 함께 은이 리스크 헤지 자산으로 떠올랐다. 유동성이 금에 지나치게 집중되면서, 거품 붕괴를 우려한 자금이 대안으로 은을 선택한 것이다. 은은 일단 가격 수준 자체가 낮아 가격 상승의 여지가 높고 쓰임새가 다양해 투기자금의 주목을 받았다. 투기자금 집중으로 은 가격은 리먼브라더스 사태 직후인 2008년 10월에 온스당 9달러 이하로 하락했다가 2011년에만 4배 이상 상승한 40달러 수준까지 상승했다. 가격 상승률만 놓고 보면 금을 웃도는 수익률을 기록한 것이다. 가격이 지나칠 정도로 오르자 시카고 선물거래소가 '선물 증거금 인상' 카드를 꺼내면서 일시 급락하기도 했지만 가격은 여전히 완만한 오름세를 그리고 있다. 지난 2010년 한 해만 놓고 봐도 은값 상승률(49%)이 금값(27%)의 2배에 달했다. 현재 금값은 은값의 45배 정도지만 지난 10년간 평균은 금값이 은값의 60배 정도는 됐다. 장기적으로 봤을 때 은값과 금값의 격차가 줄어들고 있는 것이다.

은 가격이 상승함에 따라 'KODEX 은선물(H)'은 2012년 8월 초부터 10월 2일까지 두 달간 약 27%나 올랐고, 금과 은선물 상품에 동시 투자하는 ETF인 'TIGER 금은선물(H)'도 같은 기간 12%가량 올랐다.

그러나 사실 금과 은의 가격 상승을 한 줄에 놓고 비교하는 것은 무리다. 금과 은은 다 같은 귀금속이지만 가격이 오르는 요인이 너무 다르기 때문이다.

이른바 안전자산으로 꼽히는 금은 금융시장이 불안하고 화폐가치가 떨어질 경우 그 가치를 인정받는다. 이 때문에 달러화 가치가 떨어질 위험이 생기면 자산이 금으로 몰리게 된다. 실제로 지난 2009년 미국을 비롯해 전 세계의 경기회복세가 예상보다 둔해졌을 때 금융위기 이후 꾸준히 풀렸던 돈이 일제히 안전자산인 금으로 몰리며 가격 상승을 불러왔다. 은은 금과는 달리 세계경제 회복세가 뚜렷하던 지난 2010년 하반기부터 2011년 상반기에 걸쳐 집중적으로 투자돼 가격이 올랐다. 금의 움직임과는 반대였다. 이는 물론 글로벌 유동성이 대거 집중됐기 때문이지만 은이 상업적·공업적으로 쓰임새가 다양하다는 반증이기도 하다. 은은 모든 금속 중 가장 빛을 잘 반사하고 연마성이 뛰어나다. 이 때문에 태양에너지를 모으는 집열판을 제조할 때 가장 핵심이 되는 원자재로 쓰이는 등 '녹색기술' 발전과 함께 수요가 늘고 있다. 신에너지 분야가 기술개발을 거듭할수록 은의 가치는 더욱 오를 전망이다. 또 항균성도 뛰어난 것으로 전해지면서 최근 의류와 식품 포장 분야의 수요가 급증해 은과 관련된 산업 규모는 대폭 커지고 있는 양상이다. 이 때문에 경기가 좋아지면 좋아질수록 산업 수요 증가 등으로 은 가격은 올라가게 된다. 현재 전 세계 은의 양은 매장량과 보유량을 합쳐 약 43만 톤으로 금(20만 7,000톤)의 약 2배 정도다. 이런 이유로 일부 전문가들은 '희소성' 차원으로 따졌을 때 은값은 금값의 절반 정도까지는 올라갈 수 있다고 주장하기도 한다.

다만 은이 산업재라는 점이 가격 상승을 제한하는 요인이 되기도 한다. 금이 경제가 불안할 때 안전자산 수요 증가로 값이 올랐던 것과는 달리 은은 산업재로 인식되기 때문에 폭발적 수요를 얻기 어렵다는 것이다.

일반 투자자들이 은을 가장 쉽게 매입하는 방법은 은 실물을 직접 매입하는 것이다. 은에 대한 유통은 일정 중량으로 제조돼 판매되는 '실버 바'와, 구슬과 같은 소량의 알갱이로 판매되는 '그래뉼' 두 가지로 나뉜다. 실버 바는 중량이 커서 그래뉼(순도 99.9%)로 사는 것보다 매입 비용 부담이 크지만 보관이 용이하고 나중에 되팔기가 쉽다. 그래뉼 은 보관이 쉽지 않은 단점이 있지만 소량으로 판매되기 때문에 소액투 자가 가능하다.

하지만 은은 시장 규모가 작고 금 가격이 급등했을 때 대체투자 수 단으로 사용되기 때문에 가격변동 위험이 높다. 이 때문에 '악마의 금 속'으로 불리기도 하는 만큼 가격 하락기 손실을 주의해야 한다.

한편 모건스탠리는 원자재 가격 상승을 예상한 투자자들이 비싼 금 에 대한 대체제로 은을 선호할 것이라며 2012년 4분기부터 은값 급등 을 예상했다.

5장

금

위기는 언제나
'금'을 선택했다

금값 상승은
위기의 전주곡

지난 2008년 글로벌 금융위기 이후 주식·채권·예금·부동산 등 모든 투자 상품에서 가장 높은 수익률을 올린 것은 뭘까. 그 답은 노란 광택의 비철금속 바로 '금'이다.

사실 금은 원자재 범주에 포함되지만, 다른 상품에 비해 가격이 워낙 많이 올랐고 금융 투자가 활발하기 때문에 독립된 상품으로 분류해야 할 필요가 있어 따로 장을 할애했다. 더욱이 여타 원자재들이 투기자산 집중에 따른 리스크 자산이라면 금은 반대로 리스크헤지 상품으로 성격이 특이하기 때문에 접근을 달리해야 할 필요가 있다.

금값은 2010년 9월 말 기준으로 온스당 1,622.30달러. 이전 3년 동안의 상승률을 따져보면 84.3%에 달한다. 연간 기준으로 28.1%의 기록적인 수준이다. 이 기간 비교적 높은 수익률을 올린 코스피나 원유·이머징마켓에 비해서도 2배 이상 올랐으며, 글로벌 금융위기·유럽 재정위기가 심화할수록 수익률은 오히려 가팔라지고 있다. 지난 10년을 기준으로도 450%의 기록적인 수익률(연간 45%)을 올려 다른 투자자산을 압도했다. 2001년 1억 원어치의 금을 구입했다면 2012년에는 4억 5,000만 원이, 10억 원 어치를 구입했다면 45억 원이 돼 있는 셈이다.

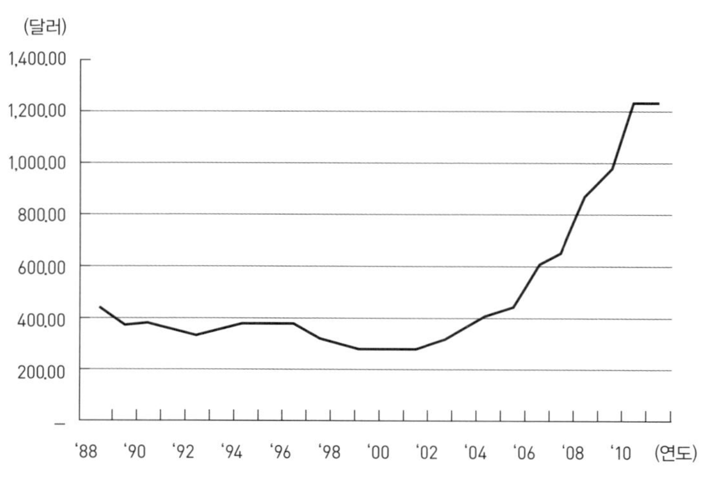

　　이처럼 금값이 많이 오른 이유는 글로벌 경기가 불안해지면서 투자자들 사이에 안전자산 선호 심리가 강해졌기 때문이다. 경험적으로도 1, 2차 오일쇼크와 1997년 동아시아에 터진 외환위기 때에도 투자자들은 대안 투자처로 금을 선택하며 금값 상승을 부추겼다. 실제로 오일 쇼크와 구소련의 아프가니스탄 침공으로 안전자산에 대한 선호도가 높아진 지난 1980년 2월 금값은 온스당 850달러까지 치솟았다. 인플레이션을 반영하면 현재가로 2,250달러에 해당하는 수준이다. 때문에 현재 금값은 과거 거품 붕괴 이후 시기와 비교하면 상승 속도는 오히려 완만한 편이라는 평가도 제기된다. 액면가로는 사상 최고가이지만 물가상승을 반영한 사상 최고가에는 아직 크게 못 미친다는 것이다. 세계금위원회(WGC)는 2012년 말 보고서를 통해 금값 상승이 상당 기간 지속될 것이라는 예측에 무게를 실었으며, 세계적인 투자자 마크 파버도 "전 세계 주요국의 부채, 확장적 통화 정책, 금융 자산의 규모를 고려할 때 현재의 금값에 거품은 끼지 않았다"고 강조하기도 했다.

한국은행은
왜 '금'을 사들이는가

이런 분위기 속에 한국은행이 사상 처음으로 금을 매입하기 시작했다. 한은은 2010년 7월과 11월 두 차례에 걸쳐 총 40톤의 금을 사들인 것. 한은이 1998년 금 모으기 운동 때 수출하고 남은 금 3톤을 사들인 적은 있지만 이처럼 대량으로 매입한 것은 한은 60년 역사 이래 최초다.

한은의 첫 번째 매입 시점인 2010년 7월에 금값은 온스당 1,540달러, 두 번째인 11월에는 온스당 평균 1,762달러였다. 위기는 언제나 금값 상승을 부추긴다지만, 대다수 언론과 많은 전문가들은 "한은이 너무 비싼 값에 매입했다", "시점이 적절치 못했다", "뒷북이다"라는 비판을 쏟아냈다. 그렇다면 대한민국의 중앙은행이 여론의 뭇매를 맞아가며 왜 이런 무리한 투자를 했을까. 그 이유를 묻기 전에 한은이란 조직의 성격을 먼저 이해할 필요가 있다.

한은이 지난 2010년 사실상 금을 최초로 매입하면서 서봉국 한은 운용전략팀장이 내놓은 공식적인 투자 이유는 다음과 같다. "미 달러

"기획재정부가 한국경제의 아버지라면 한은은 어머니다." "국가정보원·국군과 더불어 대한민국의 3대 보수 조직이다." 이것이 한은에 대한 일반적인 대외 평가다.

한은이 이런 평가를 받는 것은 국내 금융시장의 최종 대부자로서 한국경제의 안전판 역할을 하기 때문이다. 한은은 국가 경제 최후의 파수꾼이다. 한은의 신뢰가 깨지고, 건전성이 붕괴되면 국가경제도 망가진다. 이 때문에 금융·통화 정책 시행에 보수적일 수밖에 없으며, 무엇보다도 '시장 안정'과 '신뢰도 제고'를 최우선 가치로 둔다.

자산 버블 증가와 주식시장 활황이 시작되면 '유동성의 열기'를 끊는 것은 언제나 한은이며, 한은밖에 이 역할을 할 수 없다. 증권사들 입장에서는 한은과 금융통화위원회를 빗대 '매파'란 표현을 사용하며 비판할 수밖에 없는 이유이기도 하다. 1951년부터 1979년까지 미국 연방준비제도이사회(FRB)를 이끈 윌리엄 맥체스니 마틴이 중앙은행의 역할에 대해 "파티가 막 시작될 때 펀치보울(punch bowl)을 가져가버리는 일이다"라고 말한 것은 중앙은행의 역할을 한마디로 잘 설명해준다.

한은이 3,000억 달러가 넘는 외환보유액을 보관하고 있으면서도, 이를 '수익창출'에 활용하지 않는 것도 마찬가지 논리다. 한은으로서는 연 1%의 수익률을 더 올려 연간 30억 달러를 새로 버는 것보다 1%의 마이너스 수익률로 30억 달러를 잃는 것이 더욱 두렵다. 한은이 지난 2007년 한국투자공사(KIC)에 투자금 지원 문제를 두고 기획재정부와 기싸움을 벌인 것도 이 때문이다. 외환보유액은 '국부'이며 금융시장의 안전판이다. 물가안정을 최우선 과제로 삼는 한은이 무리한 투자에 나섰다가는 조직의 존립 근거가 흔들릴 수 있다. 때문에 한은은 물가상승률 수준의 수익률만을 추구한다. 이런 이유로 한은은 손해만 보지 말자는 소극적이고 보수적인 자세를 유지할 수밖에 없다.

화 중심 투자에서 투자 다변화를 함으로써 투자 효율성을 향상시키는 이점이 있고 금 보유 규모를 확대하면 외환보유액의 안전판으로서 신뢰도도 제고된다.” 언뜻 큰 의미가 없는 말인 것 같지만 이 짧은 발언에서 여러 가지 해석과 적지 않은 정보를 추출할 수 있다. 금융·통화 당국은 실질적인 정책뿐만 아니라 ‘말’을 통해 시장에 시그널(신호)을 던져 정책 방향성을 내비친다. 정책적 신뢰성을 높이고 간접적(구두)으로 시장에 개입하여 한은이 원하는 방향으로 시장을 유도하기 위해서다.

달러화 가치 하락이 예상된다

글로벌 금융위기 이후 달러화 가치는 계속되는 미국의 양적완화(QE) 정책과 유로존의 재정위기 등에 부딪혀 등락을 거듭했다. 보유 자산의 안전성에 가장 큰 무게를 두는 한은의 입장에서 외환보유액의 절반 가까이 차지하는 달러화 표시 자산의 급락은 두려움의 대상이다. 특히 신뢰도와 양적 측면에서 달러화의 존재 가치가 예전에 비해 크게 위축된 현 상황과 앞으로의 위기 극복 과정에서 발생할 수 있는 위상 추락을 고려해 보유 자산의 다변화는 불가피하다는 것이 전문가들의 공통적인 견해다. 전문가들은 한은의 금 매입과 관련해 시기적으로 늦은 감이 있지만 방향성 측면은 옳게 보고 있다. 향후 국가부채 문제로 달러 위상은 약화될 가능성이 크고 금의 가격은 올라갈 가능성이 높다는 것이다.

금값은 떨어지지 않는다

금 투자를 계획 중인 투자자라면 한은이 금을 매입한 시점과 가격에 시선을 맞추고 골똘히 생각해볼 필요가 있다. 한은이 첫 번째로 금을 사들인 2010년 7월, 당시 금값은 온스당 1,600달러를 돌파한 뒤 정체되다 가격이 조정받는 시기였다. 한은이 매입한 시점은 가격이 1,500달러대 초반까지 떨어진 뒤 다시 치고 올라가던 때로 추정된다. 두 번째로 사들인 11월에도 금값이 1,800달러 선을 바라보며 2,000달러 돌파 여부가 점쳐지던 때였다. 2011년 말에서 2012년 초에 걸쳐 투자자들이 차익 실현을 위해 금을 매도하며 가격이 다소 후퇴하긴 했지만 1,600달러 선에서 버텨냈다.

한은이 3번째로 금을 매입한 2011년 12월에는 금값이 한창 조정받으며 1,600~1,700달러를 횡보하던 때였고, 4번째로 사들인 2012년 8월 역시 1,700달러 선을 넘어 막 상승기에 접어든 시점이었다. 이는 한은이 금값의 하한 박스를 1,600달러 정도로 보고 있으며, 향후 추가 상승을 염두에 두고 있는 것으로 해석할 수 있다.

다시 말해 한은이 네 차례 금을 매입한 시점은 한은이 판단한 금값의 최저점이며, 한은은 금값이 앞으로 1,600달러 선 아래로 내려가지 않을 것이란 비공식적 전망을 내린 것이다.

달러 가치가 떨어질수록 금의 가치는 올라간다

금값의 상승 압력은 여전하다. 그 근거로 거론되는 것은 글로벌 금융시장 불안과 그에 따른 달러화 가치 하락 및 저금리 기조 장기화다.

한은이 달러화 매입의 이유로 '투자 효율성'을 강조했는데, 금은 시장의 수요가 꾸준해 매각이 용이하고, 환헤지 차원에서 효과적인 투자가 가능하다. 금융시장 불안이 가속화될수록 중앙은행 입장에서는 단기채보다 장기채 투자 비중을 늘리는 한편 환금성이 좋고 안전적인 투자상품을 찾을 수밖에 없다. 그 대안으로 떠오른 것이 금이다.

일단 세계경제는 글로벌 금융위기에서 유럽발 재정위기로 위기가 전이되는 과정을 겪고 있어 짧게는 1~2년, 길게는 3~5년 동안 살얼음판을 걸을 전망이다. 이런 가운데 금에 대한 투자 수요는 꾸준할 것으로 보인다. 미국이 2015년까지 제로 금리 수준을 유지하겠다고 밝혔듯, 선진국들의 초저금리 기조는 적어도 3년은 유지될 전망이기 때문에 금 수요는 앞으로 계속 이어질 것이며 투자 매력은 더욱 높아질 전망이다.

한은, 금을 추가로 매입할 수 있다

한은 입장에서 금융·통화 당국으로서 가장 중요한 것은 정책의 일관성과 신뢰성이다. 한은은 여러 가지 형태로 정책 결정과 방향성에 대한 시그널을 던져 시장 참여자들의 행동을 유도한다. 만약 한은 총재가 기준금리를 올릴 것처럼 이야기해놓고 금리를 내린다거나, 기준금리 인하에 대한 강한 시그널을 제시하고 동결시킨다면 시장은 뚜렷한 방향성을 잃게 되고 극단적인 상태에 빠질 수 있다. 이는 통화당국에 대한 신뢰도 추락으로 이어져 걷잡을 수 없는 상황으로 전개될 수도 있다.

일단 한은은 금 투자와 관련해 금은 외환보유액의 안전판으로서 신뢰도를 제고시킨다고 평가했다. 금 투자에 대해 긍정적인 시그널을 던진 것이다. 앞으로 국고 안정과 통화당국으로서 정책적 신뢰를 꾀하기 위해 금을 추가 매입할 수 있다는 가능성도 열어두었다.

이전까지 한은은 금 투자가 운용 수익이 발생하지 않는다며 터부시해 왔으나, 2011년 세 차례, 2012년 한 차례 매입과 추가 매입 가능성까지 시사하면서 한은의 금 매입이 더 이상 '특별한' 일이 아니라는 인식을 투자자들에게 심어주었다. 한은은 이제 앞으로 언제든 금을 더 사들일 수 있다.

'골드러시' 나선 글로벌 중앙은행들

비단 한국은행만이 금을 향해 러브콜을 날리는 것은 아니다. 미국과 유럽·동아시아·남미 등 세계 전 지역 중앙은행들이 경쟁적으로 금을 사들이고 있다.

새로운 금광이 잇따라 발굴되고는 있지만 어쨌든 금이란 광물은 유한한 자원이고, 현재는 공급보다 수요가 우위를 점하고 있기 때문에 가격이 오를 수밖에 없는 구조다. 이런 가운데 '금융위기가 어디까지 확산될지 모른다'는 불안감에 빠진 주요국 중앙은행들이 금을 대거 매입하기 시작하면서 금값 상승 압력은 더욱 커지고 있다.

여기서 중요한 점은 글로벌 경기에 대한 각국 중앙은행의 전망을 믿을 수 있는가 없는가가 아니라, 중앙은행을 주요 투자 주체로 인식해야 한다는 점이다. 금은 공업용이나 액세서리로 사용되는 광물이지만 이보다 앞서 주요 투자상품이기도 하다. 각 중앙은행들은 글로벌 금 시장의 주요 수요자다. 국내 주식시장에서 기관 투자자나 외국인들의

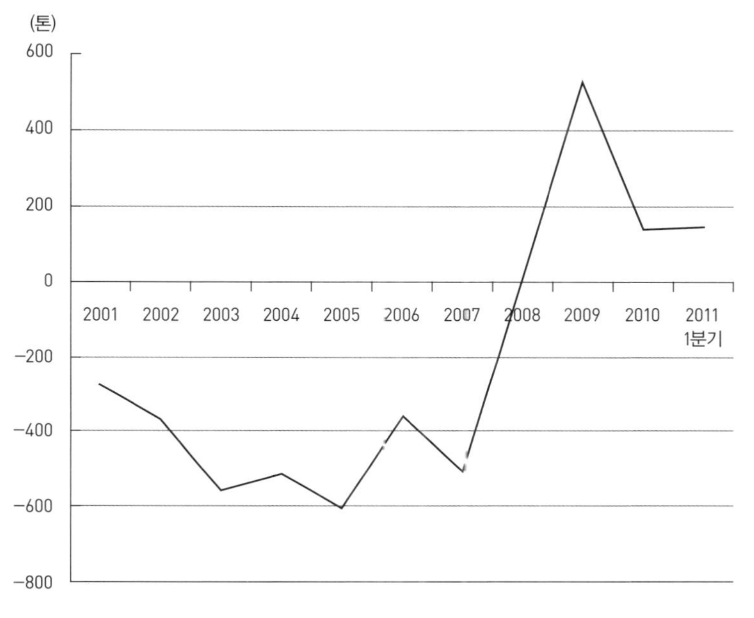

자료: World Gold Council

투자 동향에 따라 코스피가 오르내리는 것과 마찬가지로 중앙은행들의 움직임이 금값을 결정하기도 한다.

그렇다면 각 중앙은행들의 최근 움직임은 어떤가. 우선 금시장의 '큰 손'인 유럽중앙은행의 움직임부터 살펴보자. 그동안 막대한 금을 쌓아두고 금 거래의 주요 매도 주체였던 유럽 중앙은행은 최근 3년 동안 매도량을 급격히 줄였다. 유럽중앙은행은 2000년대 들어 매년 350~400톤가량의 금을 팔아 현금화하거나 채권을 매입했다. 그러다가 글로벌 금융위기가 터진 2008년에는 200톤 수준으로 급격히 낮춘 뒤 2년 연속 매도량을 축소했다. 2011년에는 금을 일절 내다팔지 않았고, 오히려 2011년에는 0.8톤을 순매수했다. 유럽중앙은행이 금을 순매수한 것은 지난 1985년 이후 26년 만이다.

심각한 재정위기에 시달리고 있는 유럽은 만기가 돌아온 채권을 롤오버(차환발행)하기가 어렵기 때문에 이를 상환해야 하는 실정이다. 이 때문에 유동성 확보 차원에서라도 금을 더 팔아치워야 하는 입장이다. 그런데 오히려 보유하고 있는 금을 굳건히 지키면서 순매수로 포지션을 전환한 것은 금이 '최후의 보루'라고 판단했기 때문이다.

또 금 보유량을 꾸준히 늘려나감으로써 앞으로 달러화·유로화의 위상 추락, 재정문제 심화 등 금융시장의 환경 변화에 대처하겠다는 계산이다. 아울러 대량의 금을 보유하고 있는 것만으로도 국가신용도를 지키는 데 기여할 수 있다. 나탈리 뎀스터 세계금협회(WGC) 이사는 "미국의 재정 및 통화정책에 따른 영향(달러화 가치 하락)이 유럽 각국의 자산 다양화에 동기부여가 되고 있다"며 "미국의 3차 양적완화(QE3) 시행으로 금 매도 가능성은 더욱 떨어질 것"이라고 말했다.

여타 중앙은행들도 캐시플로우(현금 흐름)보다는 준비금, 혹은 준비금의 담보가치 제고를 목적으로 금을 사들이고 있다. 3조 2,400억 달러(세계 1위, 2012년 6월 말 기준)의 막대한 외환보유액을 자랑하는 중국은 지난 2009년에만 금 보유량을 454톤이나 늘렸고, 인도도 200톤가량 확대했다. 2010년에는 태국과 방글라데시가 각각 15.6톤, 10톤을 사들였고, 2011년에는 태국이 28톤, 멕시코가 99톤을 매입했다. 중요한 것은 주요국 중앙은행들의 골드러시가 이제 막 시작에 불과하다는 점이다. IMF 집계에 따르면 터키 중앙은행은 2012년 7월 한 달간 44.7톤의 금을 추가로 사들였고, 러시아도 단계적으로 금 보유량을 늘

■ 인플레이션 헷지 수요 급증 ■

금은 전통적으로 인플레이션을 헷지할 수 있는 대표적인 안전자산이다. 2000년 이후 금의 수익률은 미국·중국 등 주요 국가들의 소비자물가 상승률을 크게 상회했다. 글로벌 금융위기에 대응하기 위한 각국 정부의 유동성 공급 확대는 전 세계에 인플레이션 압력을 키웠다. 미국이 글로벌 금융위기를 극복하고 경기부양을 위해 풀어낸 자금은 지난 2008년에만 2조 3,000억 달러에 달했다. 이런 가운데 미국과 유로존 국가들이 경기지표 악화와 더블딥 우려 확산으로 지속적으로 돈을 풀고 있어 물가 상승세는 지속될 전망이다. 이 때문에 글로벌 유동성 확대에 따른 인플레이션 헷지 수요는 더욱 증가할 수밖에 없다.

•달러 약세에 따른 대안 투자 수요 증가

미국의 완화 정책은 당연히 달러화 약세는 물론 달러에 대한 신뢰 하락을 초래한다. 달러화의 가치나 신뢰가 떨어지면 대표적인 안전자산인 미국 국채의 투자 메리트 역시 동반 하락한다. 이는 결국 대체 투자상품인 금에 대한 수요를 증가시킨다. 여기에 중국이 현재 1.7%에 불과한 금 비중을 단계적으로 높일 계획이라, 금 매수가 본격화할 경우 금값은 수요 측면의 압력이 더욱 커질 것으로 보인다.

•신흥국 경제성장에 따른 실수요 증가

중국·인도 등 신흥국 경제성장에 따른 금 실수요 증가도 가격 상승 전망을 뒷받침한다. 전 세계 금 소비량을 부문별로 살펴보면 귀금속(59%)이 차지하는 비중이 가장 높은데, 특히 대표적인 신흥국으로 꼽히는 중국과 인도의 경우 전 세계 귀금속용 금 수요의 23.3%, 31.6%를 차지한다. 경제가 커지고 부자가 많아질수록 금은 사치재로서 소비가 늘게 된다. 일반적으로 한 국가의 소득수준 변화는 글로벌 금 실수요와 상관관계가 높다.

또 전 세계 금 소비량의 14%를 차지하고 있는 산업용 금 수요 역시 신흥국 경제성장에 따른 장기적 증가세가 기대된다. 특히 금의 경우 높은 열전도율과 내식성(耐食性: 부식에 강한 특성)으로 각종 전자제품의 부속품으로 활용되는데, 최근에는 태양전지·LCD·휴대전화 등 그 범위가 널리 확장되고 있다. 전자제품 중 금 함량이 가장 높은 휴대전화의 경우 빠르게 진행되고 있는 신흥국 휴대전화 보급화에 따른 금 수요 증가가 예상된다. 이 밖에도 노령화에 따른 의료용 금 수요 및 경기회복에 따른 자동차 판매 증가 등의 요인들이 향후 산업용 금 수요를 견인하는 데에 기여할 전망이다.

•금 가채 생산량 감소에 따른 공급 확대 한계

공급 측면에서도 금값은 상승 압력을 받고 있다. 금은 재가공을 통한 공급 비중이 은과 구리, 플래티늄 등 다른 광물들에 비해 높으며, 채굴을 통한 신규 공급 비중은 60% 수준으로 낮다. 이는 수요 확대에 대한 공급탄력성이 낮다는 것으로도 해석될 수 있다. 뿐만 아니라 최대 금 생산국인 중국(2009년 기준 13%)의 경우 1992년 이후 소비가 생산을 지속적으로 상회하고 있으며, 그 격차가 빠르게 확대되고 있다. 또한 현재 글로벌 신규 채굴량(2010년 기준 2,590톤)을 고려할 때, 약 5만 톤으로 추정되는 전 세계 금 가채 매장량을 가채연수(현재의 생산량으로 생산이 가능한 연수)로 환산 시 약 20년 정도에 불과하기 때문에 계속적인 금 공급 확대에는 한계가 있다. 수요가 공급을 상회하고, 가채 매장량 및 가채 연수가 한정돼 있다는 점은 구조적으로 수급불균형으로 이어져 추가적인 금 가격 상승을 뒷받침할 것으로 판단된다.

리며 현재는 1,000톤에 육박하는 수준이다. 그 밖에 카자흐스탄과 우크라이나·키르키즈스탄·그리스 등도 2012년 중반을 전후해 금 보유량을 늘리는 추세다.

금 투자 시작하기 전에 알아야 할 것들

상황이 이쯤 되면 금은 더 이상 방관해서는 안 되는 투자처로 인식된다. '분명한' 수익률을 기대할 수 있고, 금융위기가 가중되는 시점에서 주요 투자 주체들이 무한 금사랑을 표현하고 있어 마음 편하게 롱텀 포지션을 잡고 갈 수도 있다.

하지만 투자에는 왕도가 없다. 아름다운 장미일수록 가시는 더욱 날카로운 법. 금이 아무리 매력적인 투자처라고 해도, 조심해야 할 함정은 분명히 있다. 투자 전에 유의점을 충분히 숙지하고 자신의 자산 규모와 목표수익률, 포트폴리오 등을 감안해 금 투자에 나설 것을 권하고 싶다.

금 투자의 3계명

1. 단기 투자는 위험하다

금값은 11년간 상승세를 이어왔고 특히 글로벌 금융위기가 터진 뒤에는 순식간에 치고 올랐다. 단기간에 급등했다면 단기간에 급락할 수도 있다. 가격이 외적 변수에 의해 단기적으로 크게 조정받을 수 있다는 이야기다. 실제로 2011년 8월 10일 국제 금값은 온스당 1,781.3달러로 나흘새 무려 132달러(8%)나 치솟았다. 반면 같은 해 5월 2일에는 온스당 1,556.7달러로 나흘 만에 76달러(5%)나 급락하기도 했다.

중장기적 관점에서 금값 곡선은 완만한 언덕을 오르듯 상승하겠지만 단기적으로는 수익률 커브가 예리하고 깊게 꺾인다. 금은 시장 참여자들의 매매 동향은 물론 글로벌 경기 상황, 달러화 동향, 국제정치 이슈에 따라 탄력적으로 움직이는 만큼 '단타치기'는 일찌감치 포기하는 것이 현명한 선택이다. 금 투자의 경우 단기 투자는 리스크가 크다는 사실을 꼭 감안하자.

특히 미국의 3차 양적완화와 유럽의 채권 무한 매입 조치로 금값 상승 가능성은 더욱 높아졌지만, 유동성이 고위험 상품에 몰릴 수 있다. 투자에는 여러 가지 경우의 수를 고려해야 하며, 특히 금 같은 투기자산은 신경을 더 써야 한다. 금에 대한 집중적인 투자, 특히 단기 투자는 자제해야 한다.

2. 금 투자의 덫, '원금손실 가능성'과 '세금'

금 투자의 가장 큰 단점이라면 세금이 붙고 원금 보장도 되지 않는다는 점이다. 일단 금은 원금보장을 하지 않는다. 투자 대상인 금은 현물 자체의 가격 변동이 있기 때문에 손실 가능성은 언제나 열려 있다. 문제는 주식처럼 가격 하락에 따른 손실 가능성과 더불어 자산가치의 변동에 따라 수익률이 변화함에도 불구하고 세금이 붙는다는 점이다.

국세청은 지난 2010년 말부터 금 적금이나 금 상장지수펀드(ETF) 등에서 매매차익을 통해 발생한 차익에 15.4%의 이자소득세를 부과하고 있다. 금 관련 상품에서 발생한 수익을 과세소득으로 본 것이다.

예금을 통한 이자소득에 세금을 내는 것과 같은 논리로, 이는 주식 거래를 통한 차익이나 환거래를 통한 차익에 세금을 부과하지 않는 것과는 차별된다. 금 투자는 예금처럼 수익에 과세가 되지만 예금자보호법의 적용은 받지 못한다. 이 때문에 금 투자 상품에 세금을 부과하는 것이 타당한가의 문제는 여전히 논란거리이기도 하다.

금이 원금손실 가능성이 있으며, 조세 당국이 비교적 높은 세율을 부과하고 있음을 유념하고 세금 등을 고려해 실질 수익률을 따져 보고 투자에 나서야 한다.

3. 달러값 방향에 신경 써라

금 투자 상품은 환율에 따라 수익률이 크게 바뀔 수 있다는 점도 고려해야 한다. 국제 금값은 달러화를 기준으로 삼기 때문에 국내에서 개설한 금 관련 상품 역시 달러로 바꿔 거래하게 된다. 즉 금값이 올랐다고 해도 달러값이 더 큰 폭으로 떨어졌다면 달러값 하락분에서 금값 상승분을 뺀 만큼 손해를 보게 된다. 예컨대 원·달러 환율이 1,000원일 때 금 1,000달러어치를 우리 돈 100만 원에 매입했다고 가정해보자. 투자 직후 금 수요가 증가해 금값이 1,000달러에서 1,100달러로 10% 상승하면, 투자자산의 원화가치 역시 110만 원으로 불어나게 된다. 그런데 갑자기 미국의 경기가 악화돼 원·달러 환율이 900원으로 10% 하락한다면 투자금은 99만원으로 쪼그라들게 된다. 금값 상승으로 달러화 표시 자산의 가치는 올랐으나, 환율 하락으로 원화로 환산했을 때의 가치는 오히려 하락한 것이다.

이와는 반대로 금값이 900달러로 10% 하락한 경우 투자원금은 100만 원에서 90만 원으로 10만 원의 손실이 발생하지만, 환율이 1,000원에서 1,100원으로 10% 오른다면 원금은 99만 원이 돼 손실금은 1만 원으로 줄어들게 된다. 환율 상승이 자산가치 하락을 상쇄하는 것이다.

_____ 금 상품 어떤 게 있나

금과 관련된 상품은 크게 현물 직접투자와 간접금융상품, 파생상품 등 세 가지로 나눌 수 있다. 현물투자는 말 그대로 금을 직접 매입해 보관하는 방식이고, 금융 상품은 금 매입에 적립 혹은 거치식으로 투자해 수익을 추구한다. 파생상품은 금 선물 거래가 대표적이다.

금펀드

금펀드는 금 가격 지수에 투자하는 펀드와 금광업 종사 기업에 투자하는 펀드로 나뉜다. 금 지수에 투자하는 펀드는 금값의 변동에 수익률이 직접 연결된다. 금값이 오르면 관련 펀드의 수익률은 오르고, 값이 내리면 당연히 마이너스 수익률을 기록하게 된다.

금광업 기업에 투자하는 펀드는 금값이 오를 경우 금을 채광하거나 거래·주물·유통하는 기업들의 기업가치가 오를 것이라는 전제하에 만들어진 펀드다. 금 관련 산업이 호황을 누리면 높은 수익률을 기대할 수 있지만 해당 기업의 주가가 오르지 않으면 펀드 수익률도 오르

[표 1] **주목할 만한 금 관련 기업**

	배릭골드(ABX. CN)	골드코프(G.CN)
국적	캐나다	캐나다
금 보유 매장량	2억 5,300만 온스	6,010만 온스
연간 금 생산량	780만 온스	240만 온스
매출(11년 2분기 기준)	34억 2,600만 달러	13억 2,300만 달러
영업 이익	17억 7,400만 달러	5억 5,000만 달러
당기 순이익	11억 5,900만 달러	4억 2,000만 달러
특징	세계 최대의 금광업체. 전 세계에 25개의 광산 보유. 지속적인 탐사활동 및 인수합병(에쿠녹스미네랄스 등)으로 광물 매장량들 확보, 생산량 확대일로. 코르테즈와 푸에블로 비에호, 파스쿠아 라마 지역의 광산개발 작업 중이며, 향후 25년간 연 140만 온스의 금을 추가로 생산할 수 있을 전망. 아울러 구리, 은 등 사업 영역확대에 따른 추가수익원 확보 기대.	메이저 금광업체로 빠른 성장세. 페나스퀴토 지분 확대로 은 판매량이 374% 증가하는 등 실적 개선 중. 전 세계적으로 광산자원이 고갈되고 있는 상황에서 금보유 매장량이 빠르게 증가가 긍정적.

자료: 우리투자증권

지 않는다.

　최근 1~2년 새 금 관련 펀드의 수익률은 금값 상승과 관련 기업들의 실적 호조로 상당히 좋은 편이다. 하지만 같은 금펀드라도 주력 투자 대상에 따라 수익률의 차이가 생길 수 있으니 자산 구성과 듀레이션 등을 살펴볼 필요가 있다.

　금 상장지수펀드(ETF)에 투자하는 대표적인 상품으로는 '삼성KODEX골드선물특별자산상장지수투자신탁'과 '현대HIT골드상장지수펀드', '미래에셋맵스인덱스로골드특별자산투자신탁' 등이, 광산 기업에 투자하는 대표적인 상품으로는 '신한BNPP골드증권투자신탁1'과

'블랙록월드골드(주식)', 'IBK골드마이닝(주식)' 등이 있다. 금 ETF 등에 투자하는 상품은 국제 금 시세에 민감하게 반응하고, 광산 기업 등에 투자하는 상품은 개별 기업의 주가에 영향을 많이 받는다.

각 상품의 특징을 살펴보면 '삼성KODEX골드선물특별자산상장지수투자신탁'은 뉴욕상품거래소(COMEX) 금 선물과 해외 금 ETF에 투자하는 펀드로 환헤지에 유리하고, 원화값 강세 구간에 수혜를 볼 수 있다. '현대HIT골드상장지수펀드'는 미국과 영국 증시에 상장된 금 현물 ETF 4종목에 투자하는 상품으로, 거래 상대방의 부도 위험이 없으며, 환노출형 상품이라 달러값 강세 구간에 유리하다.

'신한BNPP골드증권투자신탁1'은 금 채굴업 및 가공업체에 자산의 70%를, 골드리슈에 30%가량을 투자하는 상품으로 광산 및 채굴업체 주가 동향과 연동성이 높아 부분 환헤지 전략을 취할 수 있다. 'IBK골드마이닝(주식)'은 금 채굴업 및 가공업체에 90%를, 나머지 10%를 현금성 자산에 투자한다.

기본적으로 금펀드는 안전자산 투자로 보유 자산의 가치 하락 리스크를 헤지한다는 차원으로 접근하는 것이 바람직하다. 금값 급등에 베팅해 금펀드로 대박을 노린다는 생각은 일찌감치 버리는 것이 좋다. 또 금값과 달러값은 반대로 움직이는 경향이 강해 금펀드 수익률을 온전히 얻기 위해서는 환율 변동을 최소화할 수 있도록 환헤지 상품으로 가입하는 것이 좋다.

금 실물투자

당연한 이야기지만 금은 현물투자가 가능하다. 가장 고전적인 방법이기도 하다. 일반적으로 골드바 형태로 구입이 가능하다. 골드바는 주변의 금은방이나, 은행에서도 구입이 가능하다. 심지어는 최근 인터넷쇼핑몰을 통해서도 살 수 있어 투자가 편리하다. 반짝이는 금을 직접 손에 쥘 수 있다는 점은 부수적인 장점이다. 다만 골드바는 별도로 10%의 부가가치세와 주조 비용이 발생하고, 보관 문제도 만만치 않아 최근에는 거래가 많지 않다.

금 통장(골드 뱅킹)

금 적립통장은 은행에 금 관련 계좌를 개설해 예금량만큼 시세에 해당하는 금을 통장에 적립해주는 통장이다. 소액(1g 이상)으로도 투자할 수 있어 금 관련 상품 중에서 가장 많은 인기를 모았다.

다만 앞서 기술했듯 환율과 국제 금시세 등의 영향을 받기 때문에 원금 손실 가능성이 있다. 해약할 때는 현금과 현물 중 선택해서 수령이 가능한데 현금 선택 시 1.5%의 수수료와 15.4%의 소득세, 주민세가 부과된다. 실물로 수령할 때는 실물투자와 마찬가지로 10%의 부가가치세를 부담해야 한다.

예년에는 금 매매 차익에 대해 비과세돼 금융소득 종합과세 대상에서 제외되면서 인기가 높았으나 2010년 말 정부가 비과세로 적용됐던 금 통장 계좌 이익에 대해 일반 통장과 마찬가지로 소득세와 주민세 등 15.4%의 세금을 부과하면서 인기가 주춤거리고 있다. 그러나 최근 금값이 상승하면서 다시 재테크 수단으로 각광받고 있다. 대표적인 상품으로 신한은행의 '골드리슈'와 기업은행의 '원클래스 골드뱅킹', 국민은행의 'KB골드투자통장' 등이 있다.

미니 금 선물

기존의 금 선물 규모를 10분의 1로 줄인 미니 금 선물시장이 한국 거래소에서 2010년 9월 개장돼 거래되고 있다. 거래하는 방법은 일반 선물거래처럼 증권사, 선물사, 은행 지점 등을 방문해 기본 예탁금 500만 원을 예탁하고 증권사 홈트레이딩시스템(HTS)으로 하거나 창구에 전화 주문하면 된다. 단, 기존 증권계좌와 별도로 선물계좌를 개설해야 하며 위탁증거금률은 9%이다.

금 투자자를 위한
_____ 3가지 조언

금은 높은 수익률이 매혹적이지만 원금손실 가능성과 높은 변동성, 환율 리스크 등 여러 가지 리스크를 안고 있어 투자에 신중을 기할 필요가 있다. 여기에 국세청이 지난 2010년 금 예금에 세금을 부과하기로 결정하는 등 정부가 개인의 금 투자를 부정적으로 보고 있어 향후 추가 규제가 가해질 수 있다는 점도 변수다. 금 투자가 매력적이라는 사실은 누구나 아는 사실이다. 하지만 금 투자는 고려해야 할 점이 많다. 똑똑한 금 투자자들은 과연 어떻게 투자를 할까.

투자는 길게 보고

누차 설명하지만 금 투자는 긴 안목으로 봐야 한다. 단기투자는 수익 기회보다 리스크가 큰 반면 장기투자는 수익 기회가 리스크보다

[표 2] 주요 금펀드 투자 수익률   (2012년 10월 9일 기준)

펀드명	구분	1개월	6개월	1년	3년
KB스타골드	파생형	5.57%	10.75%	8.99%	71.62%
삼성KODEX골드선물ETF	ETF	5.41%	10.83%	9.41%	–
미래에셋맵스인덱스로골드	재간접형	4.81%	8.70%	7.41%	61.46%
신한BNPP골드1	주식형	8.52%	15.58%	1.33%	32.22%
IBK골드마이닝	주식형	7.50%	11.83%	−2.97%	8.03%
블랙록월드골드	주식형	10.40%	13.67%	−1.05%	18.12%

자료: 에프엔가이드

높다. 금 투자에 있어 장기투자는 기본이다. 현재 금값은 분명히 고점은 아니다. 앞으로 추가 상승 여력이 있고, 글로벌 금융·재정위기가 지속될수록 금값은 오를 수밖에 없다. 하지만 가격 상승에 '거품'이 낀다는 사실은 부정할 수 없다. 미국과 유럽 등의 대규모 양적완화 정책으로 부풀어 오른 글로벌 유동성과 여기저기서 유입된 단기투자 자금이 거품의 주인공이다. 금값 상승을 우려해 실수요자들이 사전에 금을 대거 매입한 점도 거품을 키웠다.

중장기적으로 금값이 오름세를 토일 것이란 대명제는 불변이다. 하지만 가격이 착하게만 오르지는 않는다는 점을 고려해야 한다. 이 때문에 금 투자는 최소 1~3년 이상 중장기 투자를 할 생각으로 시작하는 것이 좋다.

실제로 신한은행 골드뱅킹 상품인 골드리슈의 수익률은 2012년 2분기에 1%대의 마이너스 수익률을 보았으나, 연초 대비 수익률은 26.5%(2012년 9월 기준)에 달했다. 국민은행 골드투자 상품 역시 1~3개월 수익률은 마이너스였으나 6개월~1년 수익률은 10%대로 높았다.

가격 조정기를 노려라

금값이 중장기적으로 상승할 가능성은 크지만 변동성 또한 크고 단기 하락 위험이 있다는 사실은 또 하나의 투자 전략을 시사한다. 바로 단기 가격 조정기가 적정 투자 타이밍이며, 저가 분할 매수가 유효한 투자 전략일 수 있다는 것이다.

금에는 돈이 많이 몰린다. 각국 정부와 중앙은행, 기업, 기관 투자자, 개인까지 금 매입에 나선다. 각 개별 투자자별 투자 목적과 용도는 다르지만, 금값 상승을 예상해 단기 투자 차익을 올리기 위한 수요의 비중이 늘고 있는 점은 부정할 수 없는 사실이다. 전문가들은 금값이 단기적으로 하락할 가능성이 높은 상품이며, 실물경기 침체와 유럽 재정위기 등으로 큰 폭의 등락을 반복할 것이라고 봤다.

금값이 단기적으로 급등할 경우 상승분의 적게는 10%, 많게는 30%까지 떨어질 수도 있다. 이 때문에 금값이 특정 구간에서 고점을 형성하고 내려오는 시기라면 저점 타이밍 투자가 가능하다. 2011년 7월과 11월 한국은행이 글로벌 금시장에서 금을 매입한 타이밍도 고점에서 버블이 꺼지며 다소 조정을 받는 시기였다.

이에 대해 전문가들은 가격 하락 시 적립식 분할 투자가 수익률과 리스크 관리를 동시에 이루는 방법이라고 조언한다.

본인의 투자 성향 따져라

금 투자 상품 중에는 맹목적으로 수익률을 추구하는 상품이 있는가 하면, 원금을 보장하는 안정추구형 상품도 있다. 이 때문에 본인의 투자 성향과 투자금의 성격, 투자 경험 등을 고려해 가장 적합한 상품에 투자하자.

일단 금 초보 투자자라면 '골드뱅킹'을 추천한다. 골드뱅킹은 '금 적립통장'으로 불리며, 수시로 자유롭게 입출금이 가능한 상품이라 초보 투자자에게 적합하다. 예금 형태의 상품도 있으며, 현재 가장 인기 있는 상품은 '신한은행 골드리슈'다.

원금보장을 희망하는 보수적 투자자라면 '원금보장형 파생결합증권'(DLS)을 눈여겨봐야 한다. DLS는 기본적으로 원금을 보장하는 환헤지형 상품으로 런던 금 고시가격에 투자한다. 가장 대표적인 상품은 하나은행이 판매 중인 '지수플러스정기예금'이다. 하나은행의 금값연동예금은 만기 시 결정지수가 기준지수보다 15% 이상 상승하면 최고 연 9%가 지급된다. 예컨대 현재 금값이 온스당 1,800달러라면, 만기 시 2,070달러를 넘을 경우 최고 금리를 받을 수 있다.

중립적 투자자는 '금 주식형펀드'를, 공격적 투자자는 '파생형, 재간접형 금펀드, 금 ETF' 등이 적절하다. 금펀드는 ETF의 경우 환헤지가 돼 있으며, 변동성 국면에서 발 빠르게 대처가 가능하다.

6장
예·적금

복리와 절세로
최고 이자를 노려라

예·적금, 종잣돈 만들기
_____ 프로젝트

재테크에는 불변의 법칙이 하나 있다. 언제 투자하든, 어디에 투자하든, 어떻게 투자하든 '종잣돈'이 있어야 한다는 것이다.

재테크는 일반적으로 돈을 버는 과정과, 이를 단계적으로 쌓아나가는 과정, 뭉쳐진 돈을 굴리는 과정 크게 서 단계로 나뉜다. 종잣돈은 내 집 마련, 노후 대비 자금 마련 등 특정 목적을 이루기 위한 1차 목표로, 돈을 쌓는 과정이라 볼 수 있다. 종잣돈은 실질적으로 자신이 설정한 목표를 실현하기 위한 중요 수단인 만큼 절대 손실이 발생해선 안 된다. 이 때문에 종잣돈을 쌓을 때는 이율보다는 안전성에 무게를 두는 것이 현명한 선택이다.

그렇다면 종잣돈을 모으기 위한 가장 좋은 수단은 무엇일까. 이 질문에 대부분의 사람들이 '예금과 적금'이라고 답할 것이다. 예·적금은 거래 은행이 망하지 않는 이상 절대 안전하며, 행여 망하더라도 5,000만 원 한도에서 정부가 보장해준다. 외환위기와 같은 돌출 변수가 없다면 예·적금은 안심하고 돈을 맡길 만한 투자처이며, 요즘처럼 글로벌 금융시장이 요동치는 시기에도 뿌리 깊은 나무처럼 내 돈을 단단하게 묶어준다.

돈, 월급통장에 머무르게 하지 마라

예금이 안전한 투자처라는 데에는 누구도 이견을 달지 않을 것이다. 하지만 예금에도 통제하기 어려운 변수가 있다. 바로 '나 자신'이다. 종잣돈을 모을 요량으로 예금에 가입했지만, 역설적으로 은행예금의 안전성을 깨트리는 것은 예금주 본인이다. 사고 싶은 물건이 생겼거나, 주식에 투자하라는 유혹이 들어올 때 예·적금을 깨는 사례는 주변에서 종종 볼 수 있다. 소비나 주식 투자를 통해 본인의 효용을 올리는 것이 당장은 좋을 수 있으나 중장기적으로 바람직한 재테크 마인드는 아니다. "어차피 돈은 또 모으면 되니까" "당장 사고 싶으니까" 이런 마음가짐으로는 종잣돈 만들기를 실현하기 어렵다.

과거 세대가 돈을 모으기 위해 월급이나 보너스를 받는 족족 집안 장롱 뒤로 던져 이사를 가지 않는 이상 꺼낼 수 없도록 하거나, 돈을 다시 파낼 엄두를 못 낼 정도로 마당 속 깊이 파묻은 것도 돈 쓸 생각을 못하게 하기 위해서였다. 소비를 줄이고, 돈을 모으기 위해서는 이 같은 '무식한' 방법이라도 동원해야 한다. 저축을 소비에 사용하지 않고 돈을 모으는 것, 이것이 종잣돈을 만들기 위한 예·적금의 가장 기본적인 전제 조건이다.

하지만 똑똑한 현대인이라면 과거와 똑같은 방법들이 결국 자신에게 손해라는 것쯤은 너무나도 잘 알고 있을 것이다. 물가가 매년 오르기 때문에 돈을 장롱 뒤나 땅속에 묻어둔다면 오히려 손해를 볼 수도 있기 때문이다. 물가상승률 수준의 금리를 얻으면서, 자신의 소비욕을 제어할 수 있는 방법은 무엇일까. 경제활동을 통한 수입이 월급통장을 '스치고' 지나가도록 계좌관리만 잘 해준다면 소비욕구가 줄어드는 것은 물론 체계적인 자산관리가 가능해져 종잣돈 구성에 큰 도움이 된다.

저축계좌 관리 시스템 구축하기

소비욕구를 줄이고 자산을 차곡차곡 쌓아나가는 계좌관리 시스템을 구축하는 일은 생각보다 간단하다. 먼저 한 달 동안의 수입과 지출을 잘 정리한 가계부를 작성해두자. 그 후 앞으로 필요한 자금규모와 본인의 소비 성향 및 소비지출 규모, 주택 관리비 등 고정지출 등을 세분화한다. 그런 뒤 소비통장과 고정지출통장, 그리고 저축을 위한 통장(적금 등)을 만들어 월급날에 맞춰 필요한 만큼만 소비통장과 고정지출통장으로 자동이체를 시켜둔다.

소비통장에는 용돈과 생활비 등을, 고정지출통장에는 관리비·통신비·보험료 등을 이체시킨다. 나머지 종잣돈 구성을 위해 필요한 돈은 모두 저축통장으로 같은 날 자동이체시킨다. 저축을 위한 돈도 고정비로 생각하는 것이 좋다. 나중에는 목돈이 돼 돌아오겠지만 당장은 쓸 수 없는 돈이라고 인식하는 것이다. 신용카드 결제일이나, 관리비·통신료·보험료 등의 납부일을 월급 수령일과 같게 하면 월급은 수령 즉시 월급통장을 스쳐 지나간다. 해당 계좌의 월 평균잔액이 '0원'에 가깝도록 자동이체 날짜와 지출금을 정확히 산정하는 것이 중요하다. 이런 체계가 완벽하게 꾸려질 경우 체계적인 수입·지출 관리는 물론 소비욕구도 자연스레 위축된다. 반면 저축통장의 돈은 무럭무럭 커 나갈 것이다.

[표 1] **조재순 씨 부부의 통장관리**

수입		입금일	지출		이체일
남편	300만 원	매월 25일	적금	250만 원	매월 25일
			채권형펀드	20만 원	
			브릭스펀드	15만 원	
			금 펀드	15만 원	
부인	200만 원	매월 5일	부부 용돈	50만 원	매월 5일
			부부 생명보험	20만 원	매월 6일
			주택관리비	10만 원	매월 25일
			통신비	15만 원	매월 10일
			교통비	15만 원	매월 25일
			신용카드	60만 원	매월 6일
			어린이집	30만 원	매월 25일

결혼 4년차, 조재순 부부의 월급관리

현재 결혼 4년 차인 조재순 씨(35·가명) 부부는 맞벌이를 통해 매월 500만 원(재순 씨 300만 원, 부인 200만 원)가량의 수입을 얻는다.

이 부부는 재순 씨의 수입 전액을 자산증식을 위해 쓰고 있다. 재순 씨 월급 300만 원을 쪼개 250만 원은 저축은행 적금에, 나머지 50만 원은 채권형펀드와 브릭스펀드·금펀드 등에 적립식으로 매월 불입하고 있다. 물론 적금과 적립식 상품의 자동이체일을 월급날인 매월 25일로 맞춰놓았다. 당연히 월급은 통장에 입금되는 순간 여타 계좌로 뿔뿔이 흩어져 적립돼 쓸 수 없게 된다. 재순 씨는 어느 순간부터 월급을 '없는 돈'으로 치부하게 됐다고 설명한다.

생활비와 고정지출은 부인이 벌어오는 200만 원에서 모두 해결한다. 부부 용돈 총 50만 원과 보험료 20만 원, 주택 관리비·통신비·교통비 40만 원, 식료품 구입과 주유비·아기 기저귀·분유값 등 기타 생활비로 60만 원을 사용한다. 남은 금액 중 10만 원은 비상금으로 활용하고 있다. 보험료와 통신비·교통비·신용카드 결제일 역시 부인 월급날과 같게 맞추어 놓아, 가용(可用)할 수 있는 돈과 불용(不用)의 돈을 명확히 구분할 수 있게 됐다. 재순 씨 부부는 이 같은 통장관리 노하우를 통해 결혼 이후 벌써 1억 원 가까운 돈을 모았다.

예·적금 금리, '임금 상승률' 이상 노려라

재테크란 무엇인가. 사전적 의미는 자기가 보유한 자금을 이용해 운용 등의 테크닉을 사용, 금융 거래에 의한 '이득'을 꾀하는 일이다. 여기서 '이득'이란 말을 주목하자. 재테크는 어느 방향이든, 어떤 수단이든 '돈'을 벌기 위한 방법이다. 그렇다면 '이득'이란 무엇인가.

부(富)란 상대적 개념이다. 내가 가입한 예금금리가 연 10%라고 해도, 인플레이션율이 연 20%라면 결국 내 자산가치는 연간 10% 하락한 셈이 된다. 이 때문에 통상 예·적금에 가입할 때는 물가상승률 이상의 금리를 제공하는 상품을 선택해야 한다. 적어도 물가상승률 이상의 금리를 얻어야 이득을 보게 된다. 그렇지만 '이득'의 개념을 보다 적극적인 개념으로 이해할 필요가 있다. 이득을 단지 물가상승률 이상의 금리로 해석하고 만족해야 할까.

재테크는 기본적으로 급여 생활자들이 수입에서 지출을 뺀 돈을 활용해 부를 축적하기 위한 방법이자 수단이다. 이 자금을 물가상승률 수준의 돈을 버는 데 투자한다는 것은 소극적 개념의 재테크다. 적어도 경제활동을 통한 급여를 기반으로 돈을 굴려 돈을 벌 요량이라면 임금인상률 이상의 이율을 노리는 것이 맞다. 임금보다 더 높은 수준의 금리를 얻어야 제대로 된 재테크라 할 수 있다는 말이다.

앞서 설명했듯 부는 상대적이다. 전체 급여생활자의 임금이 연평균 5.0%가 올랐는데, 나는 1.0%밖에 오르지 않았다면 4.0% 손해가 난 셈이다. 반대로 전체 임금상승률이 4.0% 오른 데 비해 자신은 6.0% 올랐다면 2.0%의 돈을 번 것이다. 금융상품 투자도 마찬가지다. 투자를 통해 자신의 임금 상승률 이상의 이율을 얻어야 '자산증식'이라고 할 수 있다. 예·적금은 종잣돈을 쌓기 위한 과정이다. 하지만 그 전에 재테크의 한 과정이라고 인식하고 임금상승률 이상의 금리를 노리도록 하자. 다만 물가상승률이 임금상승률을 앞서 실질임금상승률이 마이너스로 돌아선 경우라면 물가상승률을 예·적금 금리의 하한선으로 설정하도록 하자. 참고로 지난 2011년 물가상승률은 4.0%, 명목 임금상승률은 5.2%, 실질 임금상승률은 1.2%였다.

똑똑하게 굴려서
한 푼이라도 더 받자

너무나도 당연한 이야기겠지만 모든 금융상품 중에서는 시중은행 예금이 가장 안전하다. 글로벌 금융위기 여파에도 국내 금융기관들은 안정적인 건전성 관리를 통해 국제결제은행(BIS) 자기자본비율을 12% 이상으로 끌어올렸고, 부실채권(NPL) 비율이나 연체율을 1.5% 아래에서 관리 중이다. 만약 은행이 망해도 예금자보호법에 따

은행	상품명	6개월	12개월	24개월	36개월	상품 특징
국민	e−파워정기예금	3.20	3.30	−	−	인터넷뱅킹 및 콜센터 상담원 전용
국민	국민수퍼정기예금	2.70	3.10	3.20	3.40	고정금리형 만기일시지급식
기업	실세금리정기예금	2.50	2.80	2.90	3.00	만기일시지급식 기준
기업	신서민섬김통장	−	3.50	3.50	3.70	조건 충족 시 우대금리 최대 0.8%P
농협	채움정기예금	2.83	3.28	3.29	3.34	100만 원 이상 가입, 국고채금리 연동
농협	왈츠회전예금2	2.90	3.30	−	−	추가우대 기간별 최고 0.3%. 기간 회전상품
산업	자유자재정기예금/다모아맞춤정기예금	2.80	2.90	3.00	3.15	영업점장 전결금리 적용. 분할인출 가능
산업	KDBdream 정기예금	3.20	3.45	3.45	−	조건 해당 시 0.2%P 우대. 출금·이체수수료 면제
산업	KDBdirect/Hi정기예금	−	4.05	−	−	온라인뱅킹 최초거래 시 0.2% 우대금리
신한	신한 두근두근 커플 정기예금	−	3.50	−	−	거래실적에 따라 0.2%P 우대, 창구 가입 시 3.40%
신한	신한 월복리 정기예금	−	3.25	3.25	3.15	거래실적에 따라 0.1%P 우대
외환	e−파트너정기예금	2.75	2.95	2.95	3.10	인터넷 전용. 고시금리보다 고금리 제공
외환	YES큰기쁨예금	2.45	2.65	2.95	3.10	자격요건 충족 시 우대금리. 자동갱신
우리	우리토마스정기예금	−	3.45	−	−	3,000만 원 이상 0.1%P, 5,000만 원 이상 0.2%P 우대
우리	키위정기예금	3.00	3.30	3.30	3.35	로열고객 등급 이상, 3,000만 원 이상 최대 0.1% 우대
하나	고단위플러스 금리확정형	2.70	3.10	3.20	3.30	1억 원 이상 가입 시, 개인 기준
하나	고단위플러스 금리연동형	2.70	2.90	−	−	1억 원 이상 가입 시, 개인 기준
한국 SC	홈앤세이브예금	−	3.20	−	−	최장 10년 자동 재예치, 재예치 시점 이율 적용
한국 SC	e−그린세이브예금	3.25	3.30	−	−	개인고객 인터넷 전용상품
한국 씨티	자유회전예금	3.20	2.75	2.75	2.75	인터넷 신규(만기지급식)
한국 씨티	프리스타일예금	2.40	3.45	3.45	3.45	인터넷 신규(만기지급식)

자료: 은행연합회

은행	상품명	12개월	24개월	36개월	상품 특징
국민	e-파워자유적금	3.30	3.80	4.10	–
	직장인우대적금	3.40	4.00	4.20	당행 급여이체 시 연 0.30%P 우대
	가족사랑자유적금	2.90	3.30	3.50	우대이율 요건 충족 시 최대 연 0.65%P 우대
기업	가계우대정기적금	3.20	3.30	3.40	3~6년은 3년 초과시점에 잔여기간 해당 이율 적용
	신서민섬김통장	3.50	3.60	3.80	조건 충족 시 별도 우대금리 최대 0.8%P 지급
농협	초록세상 적금	3.40	3.50	3.70	농협거래내용에 따라 최대 0.6%P 우대금리 제공
	정기적금	3.40	3.50	3.70	6개월 이상 3년 이내 월 단위 가입
	또래오래정기적금	3.40	3.50	3.70	기간별 약정이율에 최대 0.7%P 우대
산업	일반정기적금	2.95	3.00	3.00	–
신한	신한 월복리 적금	–	–	4.20	실적감안 우대금리 0.30% 추가
	신한 미션플러스 적금	3.10	3.45	–	미션수행 결과에 따라 추가 0.6%P 우대
외환	행복한 가족 적금	3.20	3.30	3.30	우대조건 충족 시 최대 0.3%P 우대
	넘버엔월복리적금	3.10	3.10	3.10	조건 충족 시 0.2%P 추가금리. 매월 복리 계산
	e-파트너 적금	3.20	3.30	3.40	인터넷 전용상품
우리	Magic 7적금	4.00	4.00	4.00	신용카드 이용액에 따라 최고 연 3.0%P 우대금리 제공
	우리사랑정기적금	3.70	3.75	3.80	급여이체 및 주택청약종합저축 가입 시 최고 0.2% 우대
하나	오필승코리아적금 (정액적립식/가계)	3.30	3.70	4.30	주거래고객, 월 10만 원 이상 자동이체 시 0.1% 추가 우대
한국 SC	퍼스트가계적금	3.30	3.60	3.90	–
	퍼스트기업적금	3.20	3.20	3.20	–
한국 씨티	라이프플랜저축	3.50	3.80	4.20	영업점장전결금리. 무료상해보험, 사이버어학원 수강료 할인, 환율우대 서비스
	미드림(美Dream)적금	3.50	3.80	4.20	상해보험 무료가입. 미용클리닉 우대 혜택

자료: 은행연합회

라 5,000만 원 한도 내에서 국가가 보상해주니 예·적금이 허공으로 사라질 가능성은 사실상 '제로'에 가깝다.

하지만 모든 금융상품이 수익률과 안전성의 스펙트럼에서 시소를 타듯, 예금 또한 이 범주를 벗어나지 못한다. 은행 상품들이 높은 안전성을 담보하는 대신 금리는 만족할 만한 수준은 안 된다. 특히 글로벌 금융위기 이후 은행채 등에 대한 투자 메리트가 커지며 조달금리가 하락하고, 예금금리 또한 유례없이 낮은 수준이다. 또 수익성 악화를 우려한 은행들이 예대마진(예금 이자와 대출 이자 차익)을 확대하며 은행 상품의 금리 메리트는 실종된 상태다. 실제로 지난 2010년 예금은행의 정기예금 가중평균 금리(만기 1년)는 3.18%로 관련 통계가 작성된 1996년 이후 15년 만에 최저치를 기록했고, 2011년에도 3%대 중반에 머물며 물가상승률을 밑돌았다. 정기적금의 경우는 2010년 3.48%, 2011년 3.7%대로 예금보다는 상황이 조금 낫지만 마찬가지로 사상 최저 수준이었다.

내가 가입한 재테크 상품의 금리가 인플레이션율에 미치지 못하면 자본 손실이 발생한 것이며, 임금상승률을 밑돌면 재테크라고 보기 어렵다. 자산증식 차원의 예·적금은 금리 메리트가 없다. 하지만 종잣돈 구성에 있어서는 예·적금만한 것도 없는 것이 현실이다. 그렇다면 예·적금을 통해 종잣돈 구성과 자산증식이라는 '두 마리 토끼'를 모두 잡는 방법은 없을까.

기준금리보다 낮은 예·적금 금리… 똑똑하게 돈 굴리는 법

은행 상품은 금리가 낮다. 표2에서 알 수 있듯, 예금의 경우 최고 금

[표 4] **예적금 펀드 결합상품**

은행명	상품명	만기	최소가입액	특징
국민은행	펀드와 만나는 예금	6개월~3년	300만 원	이자 또는 원리금을 펀드에 투자
신한은행	한달愛저금통	제한 없음	월 30만 원 한도	매달 모은 원리금을 펀드로 입금
하나은행	펀드사랑 정기예금	1~3년	300만 원	매달 지급되는 원리금을 펀드로 자동이체

리가 4.30%(1년 기준)에 불과하다. 일부 상품의 금리는 2~3%대로 기준금리 3.25%(1월 말 현재)에도 미치지 못한다.

대다수 상품이 기준금리와 비슷하거나 다소 높은 수준인 3%대 중후반에 불과하기 때문에 물가상승률과 이자소득세 등을 감안하면 은행예금은 앉아서 돈을 까먹는 결과를 낳게 된다.

그렇다면 예금을 통해 물가상승률이나 임금상승률 수준의 금리를 얻을 수 있을까. 물론 가능하다. 다만 꾸준한 은행거래와 꼼꼼한 통장 관리가 전제됐을 때의 이야기다.

우선 은행들은 예금상품에 주거래은행일 때, 급여이체 통장일 때, 연계상품 가입일 때 등의 각종 옵션을 붙여 가산금리를 제공한다. 은행들은 고객들에게 애초에 높은 금리를 제공할 수 있지만, 마케팅 및 고객유치 차원에서 금리를 쪼개 상품을 판매하는 것이다. 가전회사가 전자제품을 팔 때 상품 가격을 높게 책정해놓고 여러 할인 옵션을 적용해 고객들이 할인 받는 기분을 느끼게 하는 것과 같은 방법이다. 마트에서 판매하는 냉동만두가 사실은 한 봉지인데 이를 둘로 나눠 고객들이 '보너스'를 받는 것 같이 느끼게 하는 것과도 유사하다고 할 수 있다. 금융상품이란 어차피 공급자를 중심으로 생산된다. 금융상품 생산 과정에 소비자가 낄 틈은 없으며, 금융사들이 제공하는 상품 중에서 선택해야 한다. 금융회사들이 제공하는 각종 혜택과 부가서비스를 모두 누려 가능한 최고금리를 얻어내는 것이 예·적금 가입자의 최선이라고 할 수 있다.

0.1%라도 짜내라

휴대전화를 쓰다 보면 예상보다 요금이 많이 나올 때가 있다. 요금제에 따라 조금씩 다르지만, 통상 아무 생각 없이 이용하는 인터넷·문자서비스 등 부수적인 서비스의 이용료가 요금폭탄의 주인공이 되는 경우가 많다. 반대로 예상보다 통신료가 적게 나올 때가 있다. 한 통신사를 장기간 이용했을 때나, 특판 때 가입한 경우, 마일리지 누적 포인트를 소진하면 이용한 요금보다 낮은 통신료가 나온다. 장기간 이용을 통해 충성도가 높은 고객이나 신규유치를 통해 새로 유입된 고객에게 요금 면에서 혜택을 부여하는 것이다. 모든 인간관계는 장기간 꾸준한 사귐을 가져야 서로 친해지고 신뢰하는 사이가 된다. 서로가 서로를 잘 알수록 관계는 더욱 긴밀해진다. 개인과 기업의 관계도 마찬가지다. 한 기업 제품을 오랫동안 사용하던 그 고객의 정보는 기업의 마케팅 데이터에 포함된다. 기업은 그 데이터를 토대로 고객의 성향과 구매 전력 등을 확인하고 고객 관리를 해나간다. 장기간 구매가 꾸준했던 고객이라면 '뜨내기' 고객보다 좋은 서비스를 받을 확률이 높다. 오랜 기간 이용해온 구멍가게에서는 가격할인이나 외상거래가 가능한 것과 마찬가지다.

은행거래도 큰 차이는 없다. 예·적금에 가입하거나 대출을 받기 위해 여러 은행을 전전긍긍하는 것보다는 자신만의 주거래은행을 만드는 것이 금리 면에서 유리하다. 여기에 신용카드 및 결제은행을 주거래은행과 같게 하면 신용카드 포인트나 현금서비스 금리 등 부수적인 추가 혜택을 누릴 수 있다. 또 은행들이 영업비용을 낮추기 위해 최근 주력 중인 인터넷·모바일뱅킹을 이용하면 예·적금 가입 시 가산금리를 받을 수 있다. 여러 조건에 따라 고시금리보다 최대 1.0%포인트의 가산금리를 제공하는 은행도 있다. 티끌을 모아 태산처럼 불리듯, 은행 상품도 갖가지 조건을 충족시키면 임금상승률 이상의 금리를 기대할 수 있다.

각 은행의 대표 예금 상품의 가산금리 조건을 살펴보면 거래실적·연령·가입지점·고객추천 등 다양한 조건을 제시한다. 국민은행의 KB스마트폰예금(연 4.4%, 1월 24일 기준)의 경우 상품을 추천한 고객과 추천받아 가입한 고객 양측 모두에게 0.1%포인트(추천인 최대 3명, 0.3%포인트)의 가산금리를 제공한다. 본인이 만 19~28세라면 락스타지점에서 락스타통장을 가입하고, KB스마트폰예금에 가입한다면 락스타우대이율 0.3%포인트까지 더해져 최고 5.0%의 금리를 노릴 수 있다. 우리은행의 키위정기예금은 고객의 거래실적에 따라 최고 0.6%포인트의 추가금리를 제공한다. 여기에 우리은행 신용카드의 포인트와 은행 멤버스 포인드를 합쳐 캐시백(카드와 연계된 결제통장으로 돈을 돌려주는 서비스) 할 수가 있으며, 이를 원금에 합산할 수도 있다. IBK기업은행의 서민섬김적금은 최초 거래 고객에서 0.3%포인트의 우대금리를 적용하고 있고, 거래 조건에 따라 별도로 0.3%포인트 우대금리를 추가로 제공하고 있다. 만기가 된 서민섬김적금통장을 서민섬김예금통장에 재가입하는 고객의 우대금리는 0.2%포인트다. IBK월복리자유적금은 당행 계좌 간 자동이체를 할 경우 최대 0.3%포인트의 우대금리를 적용하고 있다.

눈덩이 커지듯 불어나는 '복리 상품'

"대나무는 죽순이 자라는 데 4년이나 걸리지만 이후 90일 만에 20미 터가 자란다." 복리 상품에 대한 재테크 전문가들의 비유다. 복리 상품 은 원금은 물론 이자에 이자가 붙는 상품으로 일정 시점이 지나면 이 자가 원금만큼 불어나는, 시간이 돈이 되는 상품이다.

보험의 경우 복리 상품이 많은데 이는 보험사들이 주로 고객들로부 터 받은 보험료를 복리로 이율이 계산되는 채권에 투자하기 때문이다. 보험 상품의 보장금액이 5년에서 10년, 10년에서 20년으로 흐를수록 대폭 확대되는 것도 이 때문이다.

은행들도 지난 2009년부터 국고채 등 안전자산 투자 성향이 강해지 고 대출을 돌릴 곳이 마땅치 않아지자, 복리 상품을 잇따라 내놓기 시 작했다. 복리 상품은 고객을 유치하기 좋아 예금을 늘릴 수 있고, 이렇 게 유치된 자금을 채권 투자에 활용해 안정적인 수익 기반을 마련하 겠다는 계산이다. 복리란 일정한 기간마다 이자를 산정한 후 다음 기 말에 기존 원금과 이자를 합한 금액에 다시 이자를 덧붙여주는 방식 이다. 일정 기간마다 원금에 대해 정해진 이자만 지급하는 단리방식 과는 차별된다. 예를 들어 연 4.0%짜리 단리 상품에 3,000만 원을 3년 간 예금하면 만기 때 이자는 360만 원이다. 이에 비해 똑같은 금리를 제공하는 복리 상품은 같은 기간 동안 예금할 경우 이자는 374만 원으로 단리 상품보다 14만 원 더 많다.

현재 대다수 시중은행들이 복리 상품을 판매하고 있다. IBK기업은행은 6개월부터 5년 이하 사이 만기날짜를 일 단위까지 자유롭게 지정할 수 있는 'IBK월복리자유적금'을 판매 중이다. 건당 3만 원 이상 당행 계좌 간 자동이체 횟수가 모두 10회 이상이면 0.1%포인트의 금리를 더 얹어준다. 국민은행의 경우는 '첫 재테크적금', 신한은행은 '신한 월복리 적금', 농협은 '채움월복리적금', 외환은행은 '넘버엔 월복리 적금', 한국씨티은행은 '복리 스텝업 예금'을 각각 판매 중이다. 대부분 가입기간이 6개월에서 3년 사이로 기본 연 4.0%대의 금리에, 조건에 따라 추가이자를 지급한다. 이산해 HB파트너스 개인자산관리팀장은 복리 상품과 관련해 "시간의 마법"이라며 "워렌 버핏이 지난 60년 동안 연 24%의 복리를 경험해 부자가 된 것처럼 부자가 되기 위해서는 시간이 필요하다"고 말했다.

다만 은행의 복리 상품을 통해 보험 복리 상품처럼 엄청난 이익을 기대하는 데엔 한계가 있다. 복리 상품은 이자를 버는 만큼 오랜 시간 묵힐수록 이자도 커지는데 은행들 복리 상품의 만기가 대개 1~3년으로 짧기 때문이다. 이 때문에 단리 상품의 가산금리와 복리 상품의 만기 이자 중 어느 쪽이 높은 이자를 주는지 잘 따져볼 필요가 있다.

절세상품을 노려라

앞서 재테크를 목적으로 은행 예·적금에 가입했다면 적어도 임금상승률을 지향해야 한다고 설명했다. 하지만 실제로 이를 달성하기란 쉽지 않다. 바로 세금 때문이다.

[표 5] 비과세 상품 이자 비교

	비과서 예금	일반 예금
예금액	3,000만 원	3,000만 원
가중평균 금리	4.71%	3.77%
세전 이자	141만 3,000원	113만 1,000원
과세	1.4%(1만 9,782원)	15.4%(17만 4,174원)
세후 이자	139만 3,218원	95만 6,826원

　정부는 예·적금에서 발생한 이자소득에 소득세 14.0%에 주민세 1.4%를 더해 총 15.4%의 세금을 물린다. 연 5.0%짜리 금융상품에 1,000만 원을 투자해 50만 원의 돈을 벌었다면 7만 7,000원이 세금으로 빠진다. 내가 가입한 금융상품이 5.0%의 금리를 제공하지만 결과적으로 연 4.23%짜리 상품에 가입한 꼴이 된다. 결국 세금은 내가 애써 고른 상품의 이자 효과를 상쇄하는 역할을 한다.

　하지만 비과세 혹은 세금우대 상품에 가입한다면 세금에서 비교적 자유로워질 수 있다. S전자에 다니는 직장인 신모 씨(33)의 경우 2011년 초 신협 정기예금에 3,000만 원을 불입했다. 금리가 연 4.7%로 시중은행보다 높은 점도 좋았지만, 무엇보다도 비과세 혜택을 받을 수 있다는 점이 매력적이었다. 신 씨가 2012년 손에 쥐게 될 이자소득은 141만 원. 만약 신 씨가 가입한 예금이 일반은행 예금이었다면 이자 소득 중 21만 1,500원을 세금으로 내야 했다. 하지만 신협의 비과세 예금은 농어촌특별세 1.4%(1만 9,740원)만 부담하면 된다. 결과적으로 비과세혜택을 통해 은행예금보다 19만 원가량의 돈을 더 받게 된 셈이다. 신 씨가 은행예금을 통해 신협 수준의 이자소득을 얻기 위해서는 적어도 연 5.4%대의 상품에 가입해야 한다. 비과세 혜택만으로 0.7%포인트가량 이득을 보게 된 것이다.

비과세 혜택을 누릴 수 있는 곳은 신협과 새마을금고, 농·수협 등 상호금융이다. 상호금융에서 판매하는 거의 모든 예금상품이 비과세에 해당하며 비과세상품은 1.4%의 농특세만 부담하면 된다. 비과세 혜택의 한도는 1인당 3,000만 원. 다만 금융당국이 상호금융의 건전성 제고를 위해 오는 2013년부터 비과세 혜택을 순차적으로 축소하기로 한 만큼 가입을 결심했다면 서두를 필요가 있다. 일단 2012년에는 비과세 혜택이 그대로 유지되지만, 2013년부터는 이자소득의 5%가, 2014년부터는 9%가 과세된다. 그래도 일반 예금(15.4%)에 비해서는 세율 경쟁력이 높다. 5,000만 원 한도 내에서 예금자보호법의 보호를 받는 점도 장점이다.

일부 시중은행들도 비과세 상품을 판매하고 있다. 하나은행의 비과세 복리적금은 분기당 300만 원 한도로 7년 복리짜리 상품을 팔고 있다. 유동성 측면에서는 다소 불리하지만 비과세에, 장기간 복리혜택을 누릴 수 있다는 점은 유리하다. 이 적금을 근거로 담보대출을 받을 수 있다는 점도 매력적이다.

세금우대종합저축도 고려 대상이다. 비과세는 아니지만 15.4%의 이자소득세를 9.5%로 감면 받을 수 있는 상품이다. 금융권에서 판매하는 만기 1년 이상 모든 예·적금에 1인당 1,000만 원까지 부여한다. 따라서 여러 은행의 상품 중에서 금리가 높은 상품을 선택하면 된다. 또 해당 이자는 금융소득종합과세 대상에서 빠지기 때문에 일석이조다.

숨은 '친서민' 상품 찾아보자

은행들이 팔고 있는 '친서민' 상품은 일반 예·적금 상품과는 비교할 수 없을 정도로 높은 금리를 제공한다. 특정 자격요건을 충족시켜야 하지만 가입 요건만 맞는다면 다른 상품에 눈 돌리지 말고 바로 가입하는 것이 상책이다.

대표적인 것이 생계형 저축인데, 노인·장애인·국가유공자 유가족 등을 대상으로 판매된다. 전 금융회사에서 생계형 저축에 가입할 수 있으며, 1인당 가입한도는 3,000만 원이다. 이 상품은 1년 이상 가입하면 중도 해지할 경우에도 비과세 혜택을 받을 수 있다.

IBK기업은행이 2012년 초 내놓은 신(新)서민섬김통장은 기초생활수급자나 소년소녀가장이 3년 만기 적금에 가입하면 기본이율 연 4.2%에 우대금리 4.0%포인트(500만 원 한도)를 얹어 최고 연 8.2%의 금리를 제공한다. KB국민은행의 'KB행복만들기적금'(1년 만기)은 일반적금의 경우 연 7.0%, 자유적금은 연 6.0% 금리를 준다. 주택구입, 결혼, 입원 등의 이유로 중도해지를 해도 가입한 지 6개월이 지났다면 연 4.0%의 이자를 제공한다. 신한은행이 판매 중인 '신한 새희망 적금'은 기초생활보장 수급자, 근로장려금수급자, 근로소득 연 1,200만 원 이하 근로자 등을 대상으로 기본이율 연 4.5%를 적용한다. 자동이체를 등록하면 연 1.5%포인트를 더해 최고 연 6%의 이자를 받을 수 있다. 농협은 소외계층을 위한 'NH희망채움통장'을 판매 중이며, 우체국도 차상위계층과 저소득층에게 약정금리의 2배 이율을 주는 '더불어자유적금'을 취급하고 있다.

장기상품에 주목하라

지난 2010년, 대부분 언론들이 유효 투자처로 은행의 '회전식예금'을 지목하고 연일 기사를 쏟아냈다. 회전식예금은 금리가 낮지만 만기가 3~6개월로 짧아 자금을 탄력적으로 운용할 수 있는 상품이다. 당시 경기 회복세가 완연해져 한국은행이 기준금리를 올릴 가능성이 높다는 것이 회전식예금 추천의 이유였다. 당시 한국은행은 기준금리를 2010년에 두 차례, 2011년 세 차례 올리며 시장의 기대에 부합하는 듯했다. 하지만 기준금리 인상에도 오히려 장기채 금리는 더 떨어지며 금리인상 효과를 무력화했다. 기준금리 인상에도 앞으로의 경기 여건에 대한 불안감이 커지며 장기채에 돈이 몰린 것이다. 결국 기준금리 인상에 따른 시장금리 상승을 기대하며 회전식예금에 몰렸던 돈은 다시 은행예금에 재투자됐다. 결과적으로 회전식예금에 돈을 넣었던 예금자들은 예치기간 동안 금리 손해를 보게 된 것이다.

상황은 2012~2013년에도 크게 다르지 않을 것이란 게 전문가들의 일반적인 전망이다. 미국과 유럽의 금융·재정위기가 더욱 심화하고, 실물경제가 회복되지 않고 있어 기준금리는 앞으로 오르기보다는 더 떨어질 가능성이 높다. 예금금리가 오르기보다는 떨어질 가능성이 높단 이야기다. 이 때문에 만약 종잣돈 구성을 위해 은행 예·적금에 가입할 요량이라면 되도록 장기상품에 가입할 것을 권하고 싶다.

최근의 글로벌 경기침체는 최소 2~3년은 지속될 것이란 관측이 지배적이다. 금융·재정위기가 구조적인 문제이고, 시장심리가 위축됐기 때문에 이를 해결하기 위해서 필요한 시간이 최소 2~3년이란 의미다. 특히 서구 선진국들의 지속적인 양적완화가 예고돼 있어 장기채 금리는 더욱 떨어지고, 은행예금에 돈이 더욱 몰릴 것으로 보인다. 이 경우 예·적금금리는 떨어질 수밖에 없다. 이 때문에 앞으로 1~2년 뒤에는 예·적금에 가입한다고 해도, 현재 이상의 금리를 받을 것으로 기대하기 어렵다. 이런 가운데 현재 은행들이 팔고 있는 예·적금 상품의 3년 만기 상품 금리가 1년 만기 상품보다 0.2~0.3%포인트가량 높아 장기 상품에 투자하는 것이 유리하다. 이 같은 기류를 반영하듯 삼성증권의 조사에 따르면 지난 2011년 시중은행 정기예금 중 투자기간 1년 미만이 차지하는 비중은 연초 26.8%에서 11월 말 24.6%로 2.2%포인트 줄었다. 이 기간 정기예금으로 유입된 자금 72조 8,000억 원 중 91%에 달하는 66조 3,000억 원이 1년 이상 장기투자로 몰려 뚜렷한 장기투자 선호현상을 보였다. 특히 거액자산가들의 경우는 10년 이상 장기채권 및 유전개발펀드 등 초장기 투자에 돈을 넣고 있다고 증권사 전문가들은 조언한다.

삼성증권 투자컨설팅팀 조완제 팀장은 "향후 한국도 선진국처럼 저성장 저금리 기조가 자리 잡을 것으로 예상되며 고액 자산가를 중심으로 확정 수익을 조기 확보하려는 초장기 투자가 늘고 있다"고 말했다.

기획재정부도 2012년에는 보험사나 연기금의 장기물 채권 수요를 고려해 2012년 9월 1조 6,000억 규모의 30년 만기 국고채 발행을 계획하고 있어 안전 투자의 초장기화 트렌드는 계속 이어질 것으로 보인다.

저축은행
'똑똑하게' 고르는 법

시중은행보다 높은 금리를 제공하면서도 안전성까지 뛰어난 저축은행. 앞으로도 매력적인 투자처로 자리매김할 수 있을까. 사실 4~5년 전만 해도 저축은행은 최우선 투자처로 꼽을 수 있었다. 경기가 좋아 저축은행의 예·적금 금리는 웬만한 펀드보다 높았고, 저축은행의 경영 및 건전성 지표가 깨끗했기 때문이다. 또 예금자보호법의 적용을 받기 때문에 예금자가 안심하고 돈을 맡길 수 있었다.

하지만 지난 2010년 저축은행 사태 발생과 함께 저축은행은 투자 고려 대상에서 후순위로 밀렸다. "저축은행은 망하지 않는다"는 가장 중요한 명제가 깨졌기 때문이다. 저축은행 상품의 매력은 고금리와 안전성, 이 두 가지인데 한 축이 무너지자 투자자들은 순식간에 등을 돌렸다.

금리메리트가 줄어든 것도 문제가 됐다. 프로젝트파이낸싱(PF) 등 저축은행의 주요 전략사업들이 줄줄이 무너지며 수익 창출원이 실종된 상황이라 수신 경쟁도 벌이지 않고 있다. 지난 2008~2010년 동안 10%에 육박하는 고금리를 미끼로 예금을 대거 유치해 예대율 등 건전성 지표는 회복됐으나, 마땅히 대출해줄 곳이 사라지면서 예금을 늘릴 필요성이 사라졌기 때문이다. 어차피 장사(대출)도 안 되는데 원재료(예금)를 비싸게 들여올 필요는 없는 것이다. 심지어 일부 지방 저축은행의 경우 예금가입을 위해 문의전화를 걸어오는 고객에게 경쟁사 전화번호를 알려주며 "딴 데서 알아보라"는 식으로 응대하는 곳도 있었다.

하지만 투자자들에게 적어도 5%대 금리를 기대할 수 있는 저축은행 상품은 매력적일 수밖에 없다. 초저금리 기조가 계속되는 상황에서는 1.0%의 금리조차 아쉬운 법이다. 그렇지만 막상 가입을 하려고 하면 "이 저축은행, 안전할까"란 불안감도 상존한다.

금융위기와 경기침체는 현재진행형이다. 저축은행의 영업정지나 도산 사태는 앞으로 발생할 여지가 충분하다는 의미다. 김석동 금융위원장이 2012년 초 저축은행 구조조정과 관련해 "올해에는 시장을 통해 상시적으로 실시하겠다"고 밝힌 것도 이 같은 경제 상황을 반영한 이야기다. 아직도 증권가에서는 저축은행들의 경영실적과 건전성 지표, PF부실 규모가 나열된 이른바 '저축은행 살생부'가 심심치 않게 올라오고 있다.

2금융권은 현재 지뢰밭이다. 고금리는 대력적이지만, 고금리가 양날의 검이 될 수도 있다. 저축은행 상품에 가입하기 이전에 해당 저축은행의 건전성 및 재무건전성을 꼼꼼히 따지고, 최근 2~3년간의 주요 이슈를 검토하는 자세가 필요하다.

특히 인간이 가진 '둔감성'에도 주의할 필요가 있다. 이미 금융위기와 경기침체가 막바지에 들어섰고, 곧 가파른 경제성장이 이어질 것이라는 안일한 마음이 그것이다. 지난 2011년 초만 해도 저축은행들이 하나 둘씩 넘어지자 온 나라가 떠들썩했다. 언론도 뱅크런(대규모 예금 인출 사태)이 일어난다는 식으로 대서특필했다. 하지만 불과 1년여가 지난 지금은 저축은행 어디 하나가 사라진다고 해도 모두들 크게 관심을 갖지 않는다. 그동안 시장에서 사라지거나 금융당국의 지적을 받은 저축은행 수가 20개에 육박했고, 앞으로도 계속해서 부실 은행이 나올 것이란 전망 속에 저축은행 부도가 상시적인 이슈로 받아들여진 것이다. 저축은행 부도가 이제 호들갑 떨 일이 아니란 인식이 오히려 "저축은행 구조조정이 어느 정도 진행됐겠지" "이제는 다 괜찮아진 것 아니야"란 생각을 무의식적으로 만들어낼 수 있다. 하지만 아직 위기는 현재진행형이다. 한 겨울 꽝꽝 얼어붙은 강물에는 사람이 빠져죽지 않지만, 해빙기에는 얼음이 녹으며 빠져 죽는 사람이 발생하기 마련이다. 외환위기까지 넘긴 대우그룹이 2000년대 들어 넘어진 것도 마찬가지 이유다.

■ 금융당국 "100% 신뢰할 수 없다" ■

김석동 금융위원장은 지난 2010년 12월 31일 임명 이후 한동안 거짓말쟁이란 반갑지 않은 별명을 달고 살아야 했다. 김 위원장이 저축은행 사태와 관련해 "더 이상 영업정지를 받는 저축은행은 없다" "저축은행 문제는 일단락됐다" 등의 말을 쏟아냈으나, 발언 이후로도 도산까지 몰린 저축은행이 다수 나왔고 저축은행 사태는 아직도 진행되고 있기 때문이다.

금융당국의 수장인 김 위원장이 저축은행 문제의 심각성을 몰랐을 리 없다. 또 현실감각 없이 향후 전망을 지나치게 낙관하는 인물도 아니다. 그럼에도 그가 '거짓말쟁이'라는 비난을 받아가며 거짓말을 한 이유는 무엇일까. 바로 금융시장을 안정시키기 위해서다.

그는 금융시장의 안정을 위해서는 '뱅크런' 등의 최악의 사태를 막아야 할 책임이 있는 사람이다.

김 위원장이 만약 적기시정조치(금융당국이 부실 금융회사에 일정 기간 내에 돈을 마련해놓으라는 지시)를 받은 저축은행 명단을 공개한다면 그 파장은 아무도 막을 수가 없다. 대규모 뱅크런 사태는 물론 금융기관들의 연쇄 도산으로도 이어질 수 있다. 이 때문에 금융당국은 금융시장의 현황을 묻는 국민들과 국회, 언론의 요구에 "괜찮다"로 응수할 수밖에 없다. 일종의 '하얀 거짓말'로 상황을 무마하는 셈이다.

다만 경영난에 빠진 저축은행에 돈을 맡긴 여금자들은 갑작스러운 영업정지에 뒤통수를 얻어맞을 수 있다. 금융당국의 설립 목적은 개개인 예금자를 보호하는 것이 아니다. 시장의 질서가 최우선 가치다. 금융당국의 말은 100% 믿을 수 없다는 이야기다. 결국 예금자가 자신의 돈을 지키기 위해서는 돈을 맡긴 저축은행의 안전성을 따지고 제도를 잘 파악하는 등 스스로 똑똑해지는 수밖에 없다.

저축은행 고르는 4대 건전성 지표

저축은행을 선택하는 데 있어 가장 우선시해야 할 것은 건전성이다. 거래 저축은행의 금리가 아무리 높아도 한순간의 외풍에 쉽게 넘어질 곳이라면 가입이 곤란하다. 재테크 고수들은 저축은행에 가입할 때는 예금자보호 한도인 5,000만 원을 넘지 않게 가입할 것과 거래할 은행의 건전성 지표를 유심히 볼 필요가 있다고 조언한다.

저축은행을 고를 때 따져야 할 대표적인 건전성 지표는 기본자기자본(Tier 1) 비율, 고정이하(sub-standard)여신 비율, 유동성 비율, 영업이익 등 크게 4가지다.

◆ 기본자기자본 비율

우선 가정 먼저 봐야 할 지표는 기본자기자본 비율이다. 기본자기자본 비율이란 후순위채권을 제외한 순수한 자기자본에 대비한 총 자산의 비율이다. 이 비율은 통상 5%를 넘어야 건전한 저축은행으로 분류된다.

저축은행 사태가 터지기 전까지는 기본자기자본 비율보다는 주로 국제결제은행(BIS) 기준 자기자본비율(Tier 2)이 8% 이상인지를 따졌다. 기본자기자본 비율은 부채 성격이 없는 순수한 자기자본만 따져 계산하나, BIS 비율은 후순위채권이나 하이브리드채권 등 높은 이자와 배당을 실시해야 하는 보완자본도 자기자본에 포함해 계산한다는 차이가 있다.

BIS비율이 저축은행의 건전성을 평가하는 기준에서 탈락한 것은 자기자본의 적절성을 따지는 데 부적합하다는 인식이 강해졌기 때문이다.

금융위기 당시 자금이 급해진 저축은행들이 건전성 지표를 해치지 않으면서 자기자본을 늘리기 위한 수단으로 후순위채권을 선택했고, 무분별하게 발행하다 보니 결국 은행의 상환 능력을 벗어나게 됐다. 당시 투자자들은 BIS 비율이 8%가 넘으면 안전한 저축은행이라고 믿고 가입했는데, 후순위채권의 무분별한 발행으로 BIS 비율이 8%를 초과하는 데도 망하는 저축은행들이 생겨나자 BIS비율은 건전성 지표로서 신뢰를 잃게 됐다. 이제는 오히려 후순위채권 등 보완자본비율이 상승한다는 것은 은행의 자본구조가 취약해진 것을 의미하는 것으로 인식되기도 한다. 따라서 BIS비율이 높다 하더라도 기본자본비율이 낮고 보완자본비율이 높은 경우 은행이 안전하다고 할 수 없다. 최근에도 여전히 8% 이상의 BIS비율을 근거로 고객들에게 건전성을 과시하는 저축은행들이 있는데 무턱대고 믿을 수 없으니 주의가 필요하다. 다만 BIS비율이 12%가 넘는다면 비교적 안정적인 재무상태를 유지하고 있다고 평가할 수 있으니 참고하자.

◆ 고정이하여신 비율

고정이하여신 비율은 8%를 넘지 않아야 한다. 은행의 여신은 이자 및 원금 상환 여부를 기준(자산건전성분류기준(FLC))으로 건전성 정도에 따라 정상·요주의·고정·회수의문·추정손실 등 5단계로 나뉜다.

'정상'은 신용상태가 양호한 거래처에 대한 대출금으로 연체기간이 1개월 미만인 경우고, '요주의'는 연체기간이 3개월 미만으로 현재는 원리금 회수에 문제가 없으나 앞으로는 신용상태가 악화될 가능성이 있어 세심한 주의나 사후 관리가 필요한 대출금을 가리킨다. '고정'은 연체기간이 3개월 이상으로 대자료의 신용상태가 이미 악화돼 채권회수에 상당한 위험이 발생한 것으로 판단되는 대출금으로 회수의문 또는 추정손실 대출금 중 회수할 수 있는 예상금액을 말한다. '회수의문'은 연체기간이 3개월 이상 1년 미만이면서 대자료의 채무상환 능력이 현저하게 악화돼 채권회수에 심각한 위험이 발생한 대출금 중 회수예상금액을 초과하는 대출금을 가리킨다. '추정손실'은 연체기간 1년 이상으로 대자료의 상환 능력이 심각하게 나빠져 손실처리가 불가피한 대출금 중 회수예상금액을 초과하는 부분을 말한다.

고정이하여신이란 이들 자산건전성 구분 중 고정과 회수의문·추정손실을 모두 포함한 개념으로, 고정이하여신 비율은 총 대출금 중에서 이들 자산이 차지하는 비중을 뜻한다. 이 값이 높으면 그만큼 리스크가 높음을 뜻한다.

또 고정이하여신 비율이 낮더라도 전체 대출 중 요주의여신이 많은 저축은행은 경계해야 할 필요가 있다. 당장은 큰 문제가 안 되지만 잠재적 부실 덩어리로 커 나갈 수 있기 때문이다. 통상 요주의여신 비중이 20% 미만이면 건전한 은행이라고 볼 수 있다.

◆ 유동성 비율

유동성 비율도 안전성 판단의 주요 기준이다. 유동성 비율은 예금자의 상환 요구를 얼마나 잘 응할 수 있느냐를 나타내는 지표로, 통상 100%를 넘으면 건전하다고 볼 수 있다. 다만 사실상 국내 금융기관 중 유동성 비율이 100%를 넘는 곳이 없어, 80~90% 정도가 현실적인 수준이다. 또 바젤위원회(BCBS)가 새 건전성지표인 바젤Ⅲ를 도입하는데 오는 2015년까지 단기유동성비율(LCR)을 100%로 맞출 것을 권고하고 있어 국내 금융기관들의 유동성비율도 차츰 개선될 것으로 보인다. 참고로 국내 대형은행의 LCR은 지난 2010년 기준 76%이며, 중장기유동성비율(NSFR)은 93%이다.

◆ 영업이익

마지막으로 거래할 저축은행이 안정적으로 돈을 벌고 있는지 확인하기 위해 영업이익도 따져봐야 한다. 건전성이 아무리 뛰어나도 돈을 벌지 못하면 부실화 가능성이 높다고 볼 수 있기 때문이다.

'예금자보호법'과 '저축은행 영업정지' 이해하기

저축은행 상품에 가입하기 전에 예금자보호법과 저축은행 영업정지에 대해 알아둘 필요가 있다. 저축은행 도산 문제가 상시화할 가능성이 높아 내가 가진 예금을 지키기 위해서는 제도에 대해 꼼꼼히 체크해두는 것이 중요하다. 일단 예금자보호법은 원금과 이자를 합쳐 총 5,000만 원까지 보장해준다. 보장 금리는 업계의 상품평균 및 법이 정해놓은 선에서 낮은 것을 선택해 제공한다. 예금자보호제도에 대한 자세한 내용은 예금보험공사의 저축은행 정상화부(1588-0037, 02-758-1115)로 문의하거나 홈페이지(www.kdic.or.kr)를 참고하면 된다.

1. 저축은행에 영업정지 조치가 취하지면 대출은 바로 상환해야 하나?

대출은 신규 취급을 제외하고는 정상적으로 처리하게 된다. 따라서 대출원리금을 정상적으로 상환하고, 만기도래한 대출은 기한연장이 불가한 대출을 제외하고는 기한을 연장할 수 있다.

2. 정기적금의 월 납입금과 대출금이자를 자동이체로 납부중인 경우 영업정지 이후에는 어떻게 납부해야 하나?

정기적금의 월 납입금 이체는 저측은행에서 일괄 중단 처리한다. 자동이체로 납부하던 대출금 이자는 기존에 납부하던 계좌로 납부하면 된다.

3. 영업정지 기간 중 만기도래하는 예금에 대한 이자적용은 어떻게 되나?

고객의 예금이 다른 금융기관으로 계약이전 되는 경우는 만기까지의 기간은 약정이율로, 만기 이후의 기간은 만기 후 이율을 적용한다. 예금이 계약이전 되지 않고 예금보험공사가 보험금을 지급하는 경우는 만기까지의 기간은 저축은행의 약정이율과 공사의 공시이율 중 낮은 이율, 만기 이후의 기간은 저축은행 수신약관에서 정한 이율(통상 보통예금 이율)과 예금보험공사의 공시이율 중 낮은 이율을 적용한다.

4. 보험금 지급 시 이자계산은 어떻게 하나?

예금의 이자 기산일부터 보험금 지급 공고일까지 예금보험공사의 예금보험금 공시이율과 영업정지된 저축은행의 예금이율 중 낮은 이율을 적용해 지급한다.

5. 예금액 중에서 예금보호한도 5,000만 원을 넘는 부분은 전혀 돌려받지 못하나?

예금보호한도 5,000만 원을 초과하는 금액은 예금보험공사가 지급하지 않는다. 하지만 5,000만 원을 초과한 금액은 예금채권자로서 해당 금융기관의 파산절차에 참여하여 5,000만 원 초과예금의 일부를 배당률에 따라 배당금을 수령할 수 있다.

6. 가족 명의로 나눠 예금한 것도 보호해주나?

금융실명법에 따른 실명확인 절차를 거쳐 예금계약을 체결하고 그 실명확인 사실이 예금계약서 등에 명확히 기재돼 있는 가족명의 예금의 경우에는 동일 비밀번호, 동일 인감, 동일 이자수취계좌 등과는 관계없이 각 예금명의자 별로 원금과 이자를 합해 5,000만 원 한도 내에서 보호한다.

7. 예금자가 미성년자이거나 해외 거주자, 군인, 망자인 경우 관계인이 대신 보험금(또는 가지급금)을 받을 수 있나?

부모 등 가족이 예금주와의 관계증명서 및 예금주의 신분 확인을 위한 군복무확인서·상속포기서 등을 제출하면 모두 받을 수 있다. 통장을 분실한 경우에도 확인 절차를 거쳐 받을 수 있다.

(자료: 예금보험공사)

'뜨는' 저축은행은 어디

좋은 저축은행이란 어떤 곳인가. 당연히 이자를 많이 주면서 여러 건전성 지표를 모두 충족하는 곳이다. 하지만 정작 가입을 위해 모든 사항을 일일이 따져보면 막상 가입할 수 있는 곳은 많지 않다. 골머리 썩지 않고 높은 금리를 받으며 안정적으로 내 돈을 맡길 저축은행은 없는가. 이런 고민을 두고 최근 재테크 고수들 사이에서는 금융지주사 계열 저축은행이 주목받고 있다.

우리·KB·신한·하나 등 4대 금융지주사들은 2011년 각각 삼화저축은행(우리금융저축은행)·제일저축은행(K3저축은행)·토마토저축은행(신한금융저축은행)·제일2저축은행·게이스저축은행(하나상호저축은행)을 사들였다. 4대 금융지주사들은 망한 저축은행들을 매입하라는 금융 당국의 지시에 '울며 겨자먹기'로 인수했으나 최근 들어서는 계열저축은행 영업에 드라이브를 걸고 있다. 금융위기 여파로 수익모델을 실종한 상태에서 저축은행이 서민금융시장으로 발을 뻗는 기회가 될 수 있다고 판단한 것이다.

금융지주사 계열 저축은행의 장점은 무엇보다도 안전성이다. 모기업인 금융지주사의 덩치가 워낙 크고 건전성이 좋아 쉽게 망할 일은 없다. 만약 금융지주사 산하 저축은행에 경영난이 찾아오더라도, 지주사나 계열 금융사들로부터 추가출자를 받을 수 있다. 특히 금융산업이 '관치산업'이기 때문에 만약 지주사 계열 저축은행이 경영난에 빠진다면 금융당국으로부터 책임추궁을 받을 수 있다. 이 경우 금융지주사들은 앞으로 금융당국으로부터 경영상에 불이익을 당하는 것은 물론 온갖 감독과 감시에 시달리게 된다. 지주사들이 계열 저축은행의 경영 및 건전성 관리에 신경을 쓸 수밖에 없다는 이야기다.

일단 현재로서는 금리 경쟁력도 괜찮다. 우리금융저축은행의 경우 1년 만기 정기적금 금리는 5.0%로 기존 저축은행과 비슷하고, KB저축은행과 신한저축은행은 4.5%로 다소 낮지만 안전성을 감안하면 가입할 만한 수준이다. 특히 은행·증권 등 계열사들과의 연계 영업을 벌이고 있어 가입이 손쉽다는 장점도 있다. 이들 4대 금융지주사의 은행 계열사는 각각 700~1,000여 개의 영업점을 보유하고 있으며, 은행·보험·신용카드 등 연계상품과 부가 혜택이 기대된다.

더불어 최근 들어선 오랜 기간 부침 없이 경영을 이어온 저축은행들도 인기몰이를 하고 있다. 1997년 외환위기와 2008년 글로벌 금융위기 등을 겪으며, 자연스레 저축은행 옥석가리기가 진행됐는데, 그 와중에 살아남은 곳들이 재조명을 받고 있는 것이다. 40년간 이어져 온 저축은행의 짧지 않은 역사 속에 여태까지 살아남은 곳은 총 6곳 밖에 없다. 지난 1972년 상호신용금고로 출발할 당시 350개가 출범했던 것을 감안하면 생존률이 1.7%에 불과한 셈이다. 생존의 주인공은 동부·민국(서울)·국제(부산)·영진(경기)·조흥(경남)·대명(충북) 저축은행이다. 이들 저축은행은 공통적으로 안전경영을 제1목표로 삼아왔으며, 현재도 건전성 측면에서 높은 수준을 유지하고 있다.

지역	은행명	정기예금 (1년)	정기적금 (1년)	신용부금 (1년)	표지어음 (90일)	고정이하 여신 비율	BIS기준 자기자본 비율(Tie-2)	예대비율
서울	대신	3.60	4.50	3.00	–	42.45	14.85	51.86
	더블유(W)	4.00	5.00	–	3.20	16.35	(0.40)	68.96
	더케이	3.80	5.00	5.00	3.30	7.78	11.10	88.97
	동부	3.60	4.30	4.30	2.90	1.83	12.49	67.70
	민국	3.70	4.50	4.40	2.10	7.49	13.77	97.63
	삼보	3.00	2.00	2.00	2.00	10.52	89.57	72.31
	삼성	3.70	4.70	4.00	3.30	6.99	16.44	79.90
	서울	4.10	4.70	4.30	3.00	29.83	1.64	88.21
	스카이	3.80	4.80	–	3.20	13.30	12.17	93.56
	신민	3.90	5.00	5.00	3.00	42.65	8.67	81.16
	신안	4.00	5.00	–	–	8.12	9.34	86.29
	예가람	3.70	4.90	3.44	2.80	9.45	15.38	102.93
	오릭스	3.70	4.10	3.00	2.00	12.62	16.82	82.30
	우리금융	3.20	4.00	4.00	2.80	18.85	13.30	101.53
	진흥	4.10	4.70	4.00	3.20	45.79	(7.45)	65.33
	푸른	3.60	4.30	3.00	2.70	16.87	16.59	94.00
	하나	3.50	4.00	–	2.70	42.34	16.91	57.03
	한신	3.40	4.30	4.00	2.50	9.87	48.67	49.00
	현대	4.00	4.70	–	2.60	23.78	13.05	92.05
	현대스위스	4.00	4.80	3.50	3.40	19.35	3.02	73.78
	현대스위스II	4.10	4.80	3.50	3.40	18.26	7.32	87.52
	HK	3.80	3.80	3.10	2.80	12.69	10.18	91.93
	KB	3.70	4.50	–	–	36.18	16.50	56.91
부산	고려	3.70	4.90	4.90	3.00	13.35	14.66	96.59
	국제	3.80	4.50	3.50	–	10.71	14.93	90.95
	부산솔로몬	3.90	4.70	4.70	1.70	33.78	10.35	67.90
	부산HK	3.70	5.00	4.60	2.30	9.54	20.08	91.11
	솔브레인	3.80	4.90	–	–	9.13	11.92	78.22
	영남	3.80	4.90	4.90	–	42.76	5.09	65.78
	우리	3.90	5.30	5.00	3.00	29.76	(20.66)	44.05
	토마토2	3.50	4.00	–	–	34.52	(26.24)	81.80
	화승	3.70	4.70	–	–	29.21	8.31	96.65
	흥국	3.70	4.80	–	–	25.70	9.40	84.35
	BS	3.80	4.70	–	–	24.73	14.52	92.49
대구/경북	구미	3.74	3.80	3.80	–	7.73	10.08	80.04
	대백	3.90	4.50	4.00	3.00	9.06	13.83	84.03
	대아	3.60	4.00	2.00	2.00	15.81	17.29	51.87
	대원	3.74	4.00	2.00	2.00	35.30	27.30	85.20
	드림	4.00	4.80	4.50	3.00	6.19	13.27	91.73
	삼일	3.60	4.50	4.00	2.50	34.98	(1.46)	79.68
	엠에스	4.00	4.80	4.80	2.30	4.96	8.24	76.76
	오성	3.80	3.90	3.70	–	4.41	22.41	80.22
	유니온	4.00	–	4.90	2.60	20.18	(2.03)	58.28
	참	4.13	5.60	4.00	3.30	14.67	9.05	76.29
인천/경기	경기	4.10	4.50	4.00	3.10	46.35	(2.86)	65.38

지역	은행						
인천/경기	공평	3.90	4.70	–	3.20	33.93	10.26	63.42
	금화	4.00	5.00	5.00	–	16.33	9.78	85.62
	남양	3.90	4.80	4.80	–	6.15	14.37	105.96
	늘푸른	3.80	4.50	4.50	–	14.94	8.44	74.86
	모아	4.00	4.80	4.50	3.00	6.46	9.95	80.43
	부림	3.70	3.90	–	–	13.57	26.63	93.35
	삼신	3.80	4.30	3.80	–	7.89	13.36	93.53
	삼정	3.80	4.80	4.80	–	13.38	16.38	70.66
	세람	4.00	5.20	4.00	–	15.34	10.43	87.71
	신라	4.10	5.00	4.50	3.50	20.02	(0.34)	69.48
	신한	3.70	4.50	–	–	52.34	12.88	66.54
	안국	4.10	5.20	5.20	–	36.94	17.25	95.84
	안양	3.90	4.60	–	3.10	7.26	11.71	80.60
	영진	3.80	4.70	4.70	–	9.67	21.07	71.72
	융창	3.80	4.50	4.30	2.60	10.90	10.25	88.31
	인성	3.90	4.80	3.00	–	20.40	12.67	91.35
	인천	3.90	4.90	–	3.10	17.36	8.13	92.74
	평택	3.80	4.60	4.00	3.00	14.09	18.34	78.80
	한국투자	3.90	4.00	3.90	3.20	6.30	17.65	106.99
	한화	4.00	4.80	4.80	3.20	9.57	8.39	87.79
	현대스위스IV	3.90	4.80	3.50	3.40	8.65	17.76	91.68
	SC스탠다드	3.60	3.60	–	–	15.69	17.09	97.23
광주/전남	골든브릿지	4.03	4.90	4.50	3.00	21.81	(0.32)	79.00
	대한	3.90	5.00	4.00	–	13.96	9.45	62.17
	동양	3.70	5.00	5.00	3.00	24.52	7.05	76.07
	무등	3.90	4.90	–	–	9.45	8.27	73.24
	센트럴	3.80	5.00	3.50	2.90	13.72	30.44	87.81
	스마트	3.70	5.00	4.50	2.90	7.91	7.12	79.66
대전/충남	서일	3.70	5.00	4.50	2.90	43.02	7.42	85.09
	세종	4.20	4.80	4.80	–	26.36	(2.09)	75.02
	아산	4.10	5.00	5.00	–	7.08	15.53	83.25
	오투	4.00	5.30	5.20	–	30.25	(0.30)	54.11
울산/경남	경남제일	4.10	4.80	4.80	–	6.17	10.94	84.60
	예솔	3.80	4.80	4.80	3.10	70.52	17.57	74.23
	조흥	3.70	4.20	3.70	–	6.82	20.83	83.73
	진주	3.95	4.70	5.00	–	2.76	20.51	–
	S&T	3.69	4.60	4.60	–	13.75	23.68	61.40
전북	스마일	3.64	4.30	4.30	2.30	35.40	6.48	94.59
	스타	3.90	5.00	5.00	–	7.38	41.61	95.11
	예나래	3.55	4.50	–	3.35	30.46	25.71	38.30
	예쓰	3.30	4.00	4.00	–	39.07	8.17	48.07
	호남솔로몬	3.45	5.00	5.00	–	23.92	6.23	62.44
강원	강원	4.00	4.80	–	–	19.74	5.97	79.72
충북	대명	4.00	–	5.00	–	3.81	18.35	88.28
	아주	4.13	4.40	1.25	–	44.53	19.36	94.64
	청주	3.60	4.80	4.30	3.10	18.17	15.10	87.49
	한성	4.00	4.60	4.50	3.10	7.07	13.19	82.69
	현대스위스III	4.00	4.80	3.50	3.40	16.38	8.82	88.06

자료: 저축은행중앙회

7장
보험

최적의 노후 대비
시스템을 구축하라

글로벌 위기 속
안정 추구 심리 고조

경제 호황과 침체는 언제나 사회·심리적 변화를 불러온다. 1970~1980년대 초고속 성장기 때는 어느 조직에서든 일만 열심히 하면 임원이 되고, 사장이 돼 성공가두를 달릴 수 있다는 희망이 가득했다. 재테크에 있어서도 어디에 투자하든 큰돈을 쥘 수 있다는 기회가 많았다. 하지만 1997년 터진 외환위기는 우량한 대기업은 물론 대한민국 정부조차 부도날 수 있다는 두려움과 언제 회사에서 잘릴지 모른다는 불안감을 국민들에게 심어줬다. 당연한 이야기지만 투자의 트렌드에서도 역시 보수화 양상이 나타났다.

대한민국이 위기를 극복하고 제도적으로 성숙해진 2000년대 초중반은 7%대의 높은 성장률을 바탕으로 글로벌 경제대국으로 부상하는 과정의 시기였다. 활발한 기업 활동 덕에 재테크에 있어서는 주식·펀드 같은 위험자산 투자가 유행처럼 번졌고, 안전자산인 예금·채권조차 수익성을 추구하는 방향으로 진화했다.

전례 없는 호황 속에 앞만 보고 질주하던 대한민국과 글로벌 경제는 2008년 글로벌 금융위기라는 새로운 난관에 봉착했다. 이번 위기는 전 세계적이고 구조적인 문제다. 이 때문에 이전까지 경험한 고속성장에 이은 조정과는 성질이 다르다. 글로벌 위기는 2011년 유럽발 재정위기와 2012년 미국의 재정절벽 우려로 번졌고, 세계경제는 끝 모를 터널을 헤매는 중이다. 상황이 이렇다 보니 투자자들 사이에 과거 위험자산 투자에 대한 후회와 보수자산 선호 심리가 강해지고 있다.

하나HSBC생명이 2012년 7월 20~50대 직장인 1,000명을 대상으로 은퇴·재테크 인식에 대해 설문조사한 결과 '10년 전으로 돌아가면 반드시 하지 않았을 재테크'로 39.4%가 주식을 꼽았다. 주식투자가 안전자산 투자보다 수익률이 낮다는 것이 그 이유다.

그렇다면 10년 전에 투자를 못해 후회한 것은 무엇일까. 이 같은 질문에 직장인 25.2%가 '연금보험'을 꼽았다. 장기불황으로 언제 구조조정을 당할지 모르는 상황에서 월급처럼 매달 돈이 나오는 상품의 필요성을 절감한 것이다. 직장인들은 이밖에도 부동산·금·삼성전자 주식 같은 안전자산에 투자했어야 했다며 아쉬움을 토로했다.

글로벌 위기는 안정적인 소득 추구와 인생역전 지양이라는 재테크의 트렌드 변화를 가져왔다. 이제 '대박지향' 투자는 옛날이야기다. 3%대 저성장 시대에 접어든 대한민국은 이제 '안정추구'의 사회가 됐다.

＿＿＿ 보험은 생활의 최후 보루

끝날 줄 모르는 이번 불황이 언제까지 이어질까. 제자리걸음 중인 경제가 전진하는 시기는 언제일까. 현재의 경제적 어려움이 개선되는 시기를 가늠하기란 대단히 어렵다. 글로벌 경제가 대규모 유동성이라는 산소호흡기를 매달고 다시 활력을 되찾을 수 있도록 기대하고 있지만, 경제주체들 사이에서는 예상치 못한 문제가 또 발생할지 모른다는 불안감과 호황은 끝났다는 불안감이 넓고 깊게 깔려 있기 때문이다. 각국 정부와 중앙은행들도 돈으로 경제회복의 군불을 때고는 있지만 얼어붙은 심리는 쉽게 녹지 않고 있다. 김준일 한국은행 부총재보는 최근의 경제동향에 대해 "2008년 리먼 사태가 태풍이었다면 이번은 언제 그칠지 모를 장마"라그 표현했다. 태풍은 예고 없이 들이닥치지만 대대적인 경기 부양을 통해 다시 복구가 가능하다. 그러나 지금의 위기는 이전까지 겪어본 적 없는 새로운 형태의 위기이며, 그만큼 해결하는 데 상당한 시간이 필요하다. 이 기간 동안에는 금융시장과 투자에도 불안감이 상존할 것이다.

이 같은 심리를 반영하듯 일반 직장인들은 소비를 줄이는 대신 재테크에 더 많은 돈을 쓰고 있으며, 투자처 역시 보험 같은 보장성 상품에 집중되는 양상이다. 2011년 취업포털 인크루트가 직장인 526명을 대상으로 실시한 재테크 관련 설문조사에서 재테크에 쓰는 돈을 늘렸다는 답변이 35.9%에 달했다. 재테크를 늘린 응답자 중 41.3%가 '장래에 대한 불안감이 커져서'를 주된 이유로 들었다. 응답자의 95.1%는 앞으로 재테크를 늘릴 계획이라고 답했다.

특히 눈에 띄는 점은 투자 접근에 있어서는 보수적인, 상품에 있어서는 보장성 상품 가입 양상을 보였다는 점이다. 재테크에 투자하는 비용을 100으로 놓고 봤을 때 각 재테크 부문의 비중은 저축(49.6%)·보험(24.6%)·펀드(9.3%)·주식(5.6%)·브동산(4.4%)·채권(1.2%)·기타(5.5%) 순이었다. 2010년 실시했던 같은 조사와 비교하면 저축은 4.6%, 주식은 2.2% 감소한 반면 보험은 4.5%, 채권은 0.5% 늘었다. 주택 구입이나 종잣돈 마련보다는 불확실한 미래에 대한 투자 심리가 늘어난 것이다.

불확실한 미래를 위한 대표적인 투자처는 바로 '보험'이다. 아마도 대다수 투자자들은 보험에 대해 안 좋은 인식을 갖고 있을 것이다. 내가 낸 보험료의 일부를 사업료로 떼어 먹고, 나중에 보장받으려고 보면 약관을 들이밀며 최소 보장만 해주려 들기 때문이다. 하지만 이제 보험에 대한 인식을 다소 바꿀 필요가 있다. 보험은 단순히 보장 차원이 아니라 불확실한 미래를 대비한 생활의 안전판으로 생각하자. 보험은 생활의 안전을 가져다주는 수단이다. 돈을 벌어 집을 사고, 차를 굴리고, 저금을 하듯 소득의 일정 부분을 떼어 불확실한 미래를 위한 보호 장치로 인식할 필요가 있다. 보험은 앞으로 안정적인 노후생활을 위한 생활비 조성과 안락한 삶을 위한 필요 경비인 것이다.

건강한 노후 대비하는 '의료실손보험'

집이 됐든 자동차가 됐든 핸드폰이 됐든 모든 물건은 오래 쓰면 낡고 성능이 떨어지며 고장이 잦아지기 마련이다. 고장이 나면 수리를 해야 하는데, 시간이 지나면 지날수록 고장 횟수는 점점 더 많아지고 수리비용도 더 많이 소요된다. 사람 역시 여느 물건 혹은 생물과 마찬가지다. 나이가 들수록 아픈 곳이 많아지고 신체 능력이 떨어져

[표 1] **장년층 노인성 질환 현황**   (단위: 만 명, 천만 원)

연도	65세 미만 노인성 질환		65세 이상 노인성 질환	
	진료실 인원	총 진료비	진료실 인원	총 진료비
2002	236	26,427	263	31,703
2005	282	42,065	401	65,860
2009	355	71,507	672	172,361
7년간 증가비율	50.40%	170.60%	155.50%	443.70%

자료: 국민건강보험공단(2010), 건강보험 통계분석자료집

병원을 자주 찾게 된다. 당연한 이야기지만 치료나 검진을 위해 쓰는 돈 역시 더 늘어나게 된다. 문제는 통상 은퇴 이후에는 고정수입이 줄어 연금과 같은 제한적인 소득에 의존하게 되는데 '날로 커지는 병원비를 어떻게 부담하느냐'다. 노후에 소득이 있는 자녀 등 보호자를 통해 국가가 운영하는 국민건강보험에 가입할 수는 있으나, 국민건강보험이 보장하는 진료·치료 항목은 극히 제한적이라 커져만 가는 의료비를 감당하기에는 턱없이 부족하다. 특히 암처럼 치료비가 많이 드는 중요 질병은 보장률이 높아도 절대비용이 크기 때문에 경제적 부담이 이만저만이 아니다. 이 때문에 의료비 부담을 낮추고 질병 발생에 따른 경제적 리스크를 낮추기 위한 '의료실손보험' 같은 민영의료보험에 가입할 필요성이 커졌다.

의료실손보험

의료실손보험은 대한민국 국민 2명 중 1명이 가입한 상품으로 아마도 모르는 사람은 없을 것이다.

의료실손보험의 가장 큰 강점은 보장기간까지 실제 사용한 치료비

를 병원비와 약제비 중 일정한 금액을 공제하고 지급한다는 것이다. 실비를 보장한다는 장점 덕에 지난 2008년 3월 685만 명이던 가입자가 4년이 지난 2012년 3월에 2,564만 명으로 급격히 늘었고 '국민보험'이란 별명도 붙었다. 당분간은 매년 300만 명씩 실손보험 가입자 수가 늘어날 것이란 게 보험업계의 전망이다.

빨리 가입하는 것이 유리

의료실손보험은 가입자가 나이가 들고 병에 걸릴 확률 등을 감안해 3년마다 갱신이 이루어지면서 시간이 지날수록 보험료는 오른다. 보험사에 따라 만 60~65세 노년층도 가입할 수 있으나, 장기간 납입해야 하기 때문에 빨리 가입하는 것이 비용면에서 유리하다. 특히 2013년 3월에는 제도가 바뀔 예정이어서 가입하지 않았다면 2012년 안에 가입을 서두르는 것이 좋다.

금융위원회는 2012년 8월 말에 '실손의료보험 종합개선 대책'을 내놓았는데, 보험사와 국민건강보험의 재정악화를 막자는 것이 골자다. 금융위는 이를 위해 2013년부터 자기부담금 80% 보장으로 축소, 갱신기간 3년에서 1년으로 축소, 1만 원대 실손보장 단독상품, 보험금 지급 심사 강화, 단체보험 중복 가입 여부 사전 조회 등의 대책을 내놓았다. 대부분 대책이 소비자에게 불리하고, 금융사에 유리하게 돼 있다.

일단 본인부담금 보장 규모가 90%에서 80%로 축소되는 것은 소비자에게 불리한 사항인 것은 자명하다. 금융위는 환자의 과잉진료를 막겠다고 보장 규모 축소 카드를 들고 나왔으나, 부담은 병원보다는 소비자가 져야 할 가능성이 크다. 금융위는 이미 지난 2009년에도 보장비

	2012년		2013년
본인부담금 보장	90%	➡	80%
갱신주기	3년		1년

율을 100%에서 90%로 축소한 바 있으며, 3년 만에 다시 80%로 줄이겠다고 하는 등 지속적으로 보장을 줄이고 있어 가입을 고민한 소비자라면 일찍 가입하는 것이 유리해 보인다.

또 보험료 갱신주기가 3년에서 1년으로 짧아지는 것도 소비자로서는 불리하다. 통상 보험료 갱신 때는 보장이 줄거나 보험료가 오르는 것이 관행이기 때문에 갱신 주기가 빨리 돌아올수록 보장축소와 보험료 인상 가능성이 커진다.

어느 보험사가 좋나

의료실손보험은 원래는 손해보험사만 팔던 상품이지만, 인기가 높아지면서 현재는 생명보험사에서도 취급하고 있다. 사실상 거의 모든 보험사가 팔고 있다고 생각해도 무방하다. 그렇다면 좋은 보험사는 어디이며, 어느 회사의 상품을 가입하는 것이 내게 유리할까. 이 같은 질문에 "A가 좋다, B가 나쁘다"라고 명쾌하게 답을 내리고 싶지만 사실상 불가능하다. 보험사마다 상품이 대동소이하고, 가입자가 각자에 맞는 특약을 선택하기 때문에 좋은 보험사를 꼽는 것은 무리가 있다. 하지만 의료실손보험 마진이 낮은 회사를 찾는다면 조금이나마 더 나은 보험사를 선택할 수 있을 것이다. 마진이 낮다는 것은 보험료로 받은 돈 대부분을 소비자 보장에 쓰고 있다는 뜻이기 때문이다. 일부 소비자들은 손해가 발생하는 보험사, 즉 보험료 수입보다 보험금 지출이 많은 회사를 찾아다니기도 하지만 이는 상품 관리가 허술한 회사라는 것을 뜻하기 때문에 그다지 권하고 싶지 않다.

2012년도 국정감사 자료를 보면 손해율(지급보험금/수입보험료)에 사업비를 포함해 계산하면 손해보험사들의 손해율은 2007 회계연도에 69.0%, 2008 회계연도 78.4%, 2009 회계연도 93.4%, 2010 회계연도 103.0%, 2011 회계연도 109.0% 등이었다. 손보사들은 보험료와 지급 보험금이 거의 같은 수준을 유지한 것이다.

반면 생명보험사들의 손해율은 2009 회계연도 16.6%, 2011 회계연도 33.5% 등으로 손보사의 3분의 1수준에 불과했다. 이는 손보사보다 생보사가 보험금 지급에 인색했다는 이야기다. 또 생보사의 보험료가 높기도 하다. 생보사의 의료실손보험료 평균은 40세 남자의 경우 1만 6,313원으로 손보사 평균 1만 808원보다 51% 높다. 특히 외국계 생보사의 경우는 평균 보험료가 2만 3,103원으로 국내 생보사보다 훨씬 높았다. 결국 외국계보험사보다는 국내보험사가, 생보사보다는 손보사가 유리하다는 결론이 나온다.

자세한 의료실손보험 보험료와 내게 맞는 특약 등을 찾아보기 위해서는 의료실비보험 사이트나 전문 FP 등에게 상담을 받아보는 것도 방법이다.

'연금 3형제'로
노후 보장 시스템 구축

최근 보험은 상해 등을 보장하는 전통적 의미에서 벗어나 안락한 노후를 위한 대비책으로 의미와 역할이 확대되고 있다. 단순 상해뿐만 아니라 노후 소득을 보장해 삶의 질을 높여준다는 것이다. 재테크의 궁극적 목적은 안락한 삶을 누리기 위함이다. 하지만 재테크를 열심히 했어도 목적 달성에 실패할 수 있다. 이 같은 실패 가능성에 대비한 것이 바로 연금 3형제다. 전문가들은 은퇴 이후 정기적인 소득이 없이도 자기 생활을 영위하기 위해 연금 3층 구조를 쌓아야 한다고 조언한다.

[표 3] **구조도: 연금 3층 구조**

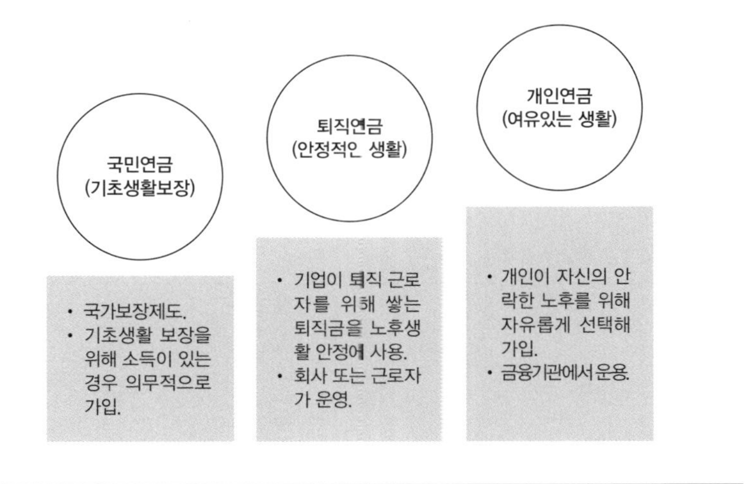

국민연금제도

연금 3층 구조를 쌓는 첫 번째는 국민연금이다. 우리나라는 일부 특수직 종사자(공무원·군인·사립학교 교사)를 제외한 급여생활자들을 대상으로 국민연금제도 가입을 의무화하고 있다. 국민연금은 나라가 시행하는 사회보장제도로 경제활동을 할 때 보험료를 조금씩 납부했다가 향후 은퇴나 사망 등으로 소득 활동이 중단될 경우 본인이나 유족에게 연금을 지급하는 소득보장제도이다. 국민연금관리공단은 국민들로부터 받은 보험료를 주식과 채권 등에 투자해 수익을 올려 국민들의 안정적인 노후생활을 지원한다.

지난 2012년 8월 기준 국민연금의 연간 납부 상한액은 389만 원(월 보험료 35만 원)이다. 월 소득이 1억 원이 넘는 사람도 매년 389만 원(월 보험료 35만 원)을 적용받는다. 이 경우 20년 동안 가입했다면 은퇴 후 매월 실수령액은 62만 7,000원이다. 2012년 신규 취업자가 2012년 1월 국민연금에 가입해 보험료를 월 22만 원씩 낸다면, 20년을 불입해 은퇴 이후 월 47만 원을 받게 된다.

하지만 언제나 제도는 이상적이고, 현실은 냉혹한 법이다. 국가가 사

[표 4] **국민연금 예상 수령액** (2012년 9월 말 기준, 단위: 원)

월 소득	월 보험료	가입기간						
		10년	15년	20년	25년	30년	35년	40년
2,780,000	250,000	267,160	389,800	506,880	623,680	740,470	857,260	974,060
3,330,000	300,000	298,620	435,690	566,560	697,100	827,650	958,190	1,088,730
3,890,000	350,000	330,240	482,020	626,940	771,490	916,040	1,060,580	1,205,130

자료: 국민연금공단

회안전망으로 만들어놓은 국민연금관으로는 가입자의 노후생활을 보장하기 어렵다. 2012년도 기준 1인당 최저생계비는 55만 3,000원으로 국민연금의 한도를 꽉 채워 납입해봐야 은퇴 이후 최저생계비 정도밖에 받지 못한다는 의미다. 현재 국민연금제도는 기금 운용을 통해 가입자의 소득과 상관없이 모두 자기가 낸 돈보다 더 많이 받아가도록 설계돼 있다. 하지만 급격한 노령화와 같은 인구구조의 변화 때문에 노후 안전판으로서의 실질적인 역할을 못하고 있으며, 앞으로 상황은 더욱 심각해질 것으로 보인다.

■ 국민연금 임의가입 ■

국민연금은 대한민국 영토에 사는 모든 국민이 안정적인 노후생활을 누릴 수 있도록 만들어진 제도다. 하지만 국민연금의 가입 대상은 현재로서는 '소득이 있는 국민'으로 한정대 있어 경제활동을 하지 않는 전업주부나 학생 등은 혜택을 받을 수 없다.

이처럼 제도의 사각지대에 놓인 계층을 지원하기 위해 도입된 것이 '국민연금 임의가입' 제도다. 임의가입이란 전업주부나 만 27세 미만의 학생, 군인 등 정기적인 소득이 없는 사람들이 자발적으로 국민연금제도에 가입하고 연금보험료를 납부해, 장래에 연금을 받는 제도다.

임의가입자들은 보험료를 책정할 마땅한 기준소득이 없기 때문에 전체의 중간 소득을 기준으로 최소 연금보험료가 정해진다. 2012년 현재 지역가입자의 중간 소득은 99만 원이므로 국민연금 보험료율 9%를 대입하면 최소 보험료는 8만 9,100원이 된다. 임의가입자는 이 금액부터 상한액까지 범위 내에서 자유롭게 선택해 납부하면 된다.

퇴직연금

국민연금의 한계를 보완하는 것이 퇴직연금이다. 한국은 현재로서는 복지국가가 아니기 때문에 국가가 운영하는 국민연금 이외에 회사가 지원하는 퇴직연금으로 연금의 중층구조를 쌓아야 한다. 국민연금은 은퇴 이후 기초 생활자금으로, 퇴직연금은 조금 더 넉넉한 노후생활을 꾸리기 위한 수단으로 생각하자.

퇴직연금이란 과거의 퇴직금 제도를 대체하는 것으로 지난 2005년에 처음 도입됐다. 과거에는 회사가 퇴직금을 사내에 쌓아두고 퇴사시에 퇴사자에게 지급했는데, 회사가 망하는 등의 사고로 노동자가 퇴직금을 못 받는 사고를 방지하기 위해 시행됐다. 회사는 퇴직금을 금융기관에 예치하고 금융기관은 이를 운용해 수익을 올려 수급자에게 나눠준다. 노동자로서는 일석이조의 제도라고 할 수 있다.

[표 5] **퇴직금-퇴직연금 비교**

	퇴직금	확정급여형(DB)	확정기여형(DC)
비용 부담	기업	기업	기업
수령 금액	퇴직당시 평균 월급 X 근속연수	퇴직금과 동일	운용결과에 따라 다름
수령 형태	일시금	연금 또는 일시금 중 선택	연금 또는 일시금 중 선택
운용 주체	-	기업	근로자
위험 부담	-	기업	근로자
근로자가 받을 연금	고정적	고정적	재원만 고정
운용수익 수혜자	-	기업 귀속	근로자 귀속
특징	도산위험이 낮은 기업, 임금상승률 높은 근로자에 유리	도산위험이 낮은 기업, 임금상승률 높은 근로자에 유리	임금상승률 낮고, 이직이 잦은 근로자에 유리

퇴직연금은 크게 확정급여형(DB)과 확정기여형(DC)으로 나눌 수 있다. DB, DC형 모두 외부 금융기관에 사용주가 부담한 퇴직연금 적립금을 보관하면서, 적절한 금융자문을 받아 수익률을 달성해 퇴직 시점에 연금 또는 일시금의 형태로 연금을 지급한다. 차이가 있다면 DC형은 퇴직연금 적립금의 운용방식을 근로자 개개인의 선호를 반영해 결정하고, 퇴직급여는 사용자가 매년 납부한 퇴직부담금에 운영수익을 더해 결정한다. DB형은 퇴직연금 적립금의 운용방식을 사용자가 결정하며 퇴직급여액은 퇴직 전 평균임금에 근로연수를 곱해 결정한다.

퇴직할 때까지 임금 상승률이 연금 투자 수익률보다 높으면 DB형이 유리하고, 임금상승률이 높지 않다면 DC형을 선택하는 것이 좋다.

예를 들어 DB형에 가입한 홍길동 씨가 20년 동안 재직한 회사에서 곧 퇴직하는데, 최근 3개월 평균 월급이 300만 원이었다면, 퇴직연금은 근속연수인 20에 3개월 평균 임금 300만 원을 곱해 총 6,000만 원을 받게 된다. 홍길동 씨는 이를 5년 이상 범위에서 연금으로 쪼개 받을 수 있다. 만약 퇴직금을 굴리던 금융회사가 손실을 일으켰어도, 운용 책임은 회사가 지기 때문에 퇴직 급여액은 깎이지 않는다. 말 그대로 '확정급여'를 제공하는 셈이다.

반면 DC형은 매년 임금 총액의 12분의 1가량을 가입자 계좌로 입금해 금융회사가 이를 운용해 퇴직금을 불려나간다. 퇴직금 운용수익 대부분은 가입자에게 귀속되기 때문에 임금상승률보다 운용수익률이 높다면 DC형이 유리하다. 퇴직금 운용사는 가입자의 사내 내규의 범위에서 수익률을 따져 선택할 수 있다. 다만 운용 책임은 근로자가 지기 때문에 마이너스 수익률이 발생하면 퇴직연금이 줄어들 수 있다.

퇴직연금의 종류에는 DB, DC형 이외에 개인퇴직연금(IRP, Individual Retirement Pension)이라는 것이 있다. IRP는 근로자가 퇴직연금을 관리하기 위해 가입하는 일종의 은퇴 준비 통장으로 기존의 개인퇴직계좌(IRA) 제도를 개선해 2012년 7월 새로 도입됐다.

일단 IRP와 IRA의 가장 큰 차이점은 퇴직연금 가입자라면 의무적으로 가입해야 한다는 점이다. 근로자들이 당장 가입할 필요는 없지만, 나중에 퇴직연금을 받으려면 반드시 가입해야 한다. 근로자들이 회사를 관둘 때 받는 퇴직금은 일단 근로자가 지정한 IRP에 입금이 되고 자금이 필요한 경우에 여기에서 출금할 수 있다.

IRP의 가장 큰 장점은 세제 혜택이다. IRP는 연간 400만 원까지 소득공제 혜택을 주며, IRP계좌로 입금된 퇴직금에는 과세하지 않는다. 퇴직금을 인출할 때 과세하기 때문에 이자로 내야 할 돈까지 운용할 수 있다는 것이다. 바꿔 말하면 IRP를 활용해 예금이나 펀드 등에 투자해 수익을 얻더라도 이에 대한 이자·배당소득세를 매년 낼 필요는 없다. 나중에 퇴직연금을 받을 때 계산해서 내면 된다. 과세이연 혜택은 장기 투자 시 효과가 크다. 매년 납부해야 할 세금을 재투자할 수 있어 투자 기간이 길어질수록 투자 수익이 커진다. IRP계좌에 묶어둔 돈은 가능하면 늦게 인출하는 것이 효과적이라는 의미다.

돈을 추가 납입할 수 있다는 장점도 있다. 연간 1,200만 원 한도로 추가 적립이 가능한데, 이 금액에 대해서도 과세 이연 혜택이 적용된다. 이 같은 세제 혜택으로 노후자금의 단기 소진을 막아 노후자산 플랜을 세우기 용이하다. 또 개인연금을 인출하거나 일시금으로 받는 경우 그동안 받은 소득공제 원금과 이자수익에 대해 기타소득세(22%), 가입 기간에 따라 해지가산세(5년 이내 해지 시 2%)가 과세되는 것과는 달리 IRP는 중도 해지에 따른 페널티가 없다는 점도 매력적이다.

> IRP는 리스크가 큰 상품에는 40% 이상 운용할 수 없어 공격적인 운용
> 이 어렵다는 점은 단점이지만, 주가연계증권(ELS), 정기예금 등 운용 대
> 상 상품의 선택 폭이 넓다.

개인연금

안락한 노후를 위한 연금 3층 구조 구축의 마무리 단계는 개인연금
이다. 국민연금과 퇴직연금으로 먹고 자는 등의 기본적인 생활은 영위
할 수 있지만 친구들과 어울리고 종종 여행을 다녀오는 여유 있는 삶
은 누릴 수 없다. 하지만 경제가 성숙기에 들어선 대한민국 사회에서
삶의 질에 대한 욕구는 그 어느 때보다도 높다. 현재를 사는 대한민국
직장인이라면 단지 먹고 자는 것만으로는 노후생활에 만족을 느낄 수
없을 것이다. 직장에서 물러난 뒤 자식들에게 손을 안 벌리면서, 안락
한 삶을 추구하기 위한 해답은 개인연금에서 찾아야 한다.

그렇다면 일반 국민들이 희망하는 삶의 질은 어느 정도 수준일까.
보건복지부와 한국보건사회연구원이 지난 2011년 국민연금과 사적연
금의 가입률, 노후소득 준비 정도와 인식도 등을 조사한 결과 가구주
가 생각하는 월평균 적정 노후생활비는 179만 6,000원(단독 기준)인 것
으로 조사됐다. 연간으로는 2,155만 원으로 중소기업 대졸 신입사원
연봉과 비슷하다. 이들은 또 최소 노후생활비로 월 116만 6,000원, 연
1,399만 원이 필요하다고 답했다.

2012년 기준으로 우리나라 국민의 평균 수명은 80세이며, 가구주가
생각하는 예상 은퇴 시기는 평균 63.7세이다. 고정수입 없이 보내는 노

후생활이 약 16.3년이다. 은퇴 이후 삶의 기간에 가구주가 생각한 적정 노후생활 비용을 대입해 계산하면, 은퇴 이후 안락한 노후를 보내기 위해서는 총 3억 5,130만 원이 필요하다. 노후생활을 최소로 지낸다고 해도 약 2억 2,807만 원이나 소요된다.

은퇴 이후 삶에 엄청난 비용이 필요한 반면, 대다수 국민들은 노후 관리를 소홀히 하고 있다. 같은 조사에서 가구주들은 노후 준비에 월평균 21만원을 사용한다고 답했다. 매달 21만 원을 30년 동안 꾸준히 적립할 경우 얻을 수 있는 돈은 7,560만 원에 불과하다. 물가상승률을 감안해도 1억 원이 채 안 된다. 즉 현재 직장인들이 노후를 위해 납입하는 돈으로는 안락한 노후생활은커녕 기초적인 생활조차 어렵다는 결론이 나온다. 특히 직장인들이 노후생활을 위해 내는 돈 대부분이 국민연금에 국한돼 있다는 점은 암울한 미래를 암시한다. 상황이 이럼에도 우리나라의 개인연금 가입률은 저조하다. 2011년 12월 보험개발원 조사에 따르면 개인연금보험 가입률이 전체 인구 대비 15.8%에 불과했다. 미국, 독일 등 선진국의 가입률 53~64%에 크게 못 미쳤다. 결국 행복한 노후에 대한 욕구는 높지만 실질적인 준비를 하고 있는 사람은 많지 않다는 뜻이다. 길어진 평균 수명과 커진 삶의 질에 대한 욕구, 두 가지 환경·심리적 변화에 대응하려면 구체적인 계획을 세워 미래에 대비해야 한다.

개인연금의 선봉장 '연금저축'

개인연금은 크게 연금저축과 연금보험으로 구분할 수 있는데, 이 중에서는 연금저축의 인기가 높다.

연금저축은 은행과 증권, 보험사에서 모두 판매하는데, 판매처에 따라 연금신탁(은행)·연금펀드(증권)·연금저축보험(보험) 등으로 나뉜다. 현재 시중은행 대부분이 판매하고 있는 연금저축은 연간 400만 원 한도로 납입액 100%까지 소득공제를 해준다는 점과 이자소득 비과세 등이 가장 큰 메리트다. 특히 세법개정안을 통해 종합소득금액 3억 원 초과분에 대한 과표가 신설, 최고 38.5%(주민세 3.5%포함)에서 최고 41.8%(주민세 3.8% 포함)로 확대되기 때문에 고소득자의 경우 비과세 혜택을 최대한 활용할 수 있다.

은행별로, 상품별로 미세한 차이가 있어 본인에게 맞는 상품을 잘 따져볼 필요도 있다. IBK기업은행에서 판매하는 '연금저축IBK연금보험Ⅲ'의 경우는 시중 시제 금리를 반영한 공시이율을 적용한 상품이며, 신한은행의 '연금신탁채권형제1호'는 납입원금을 보호하며 해외거주자도 가입할 수 있다.

통상 연금저축의 가입대상은 만18세 이상 국내거주자로 10년 이상 납입해야 한다. 납입액은 전 금융기관 합산해 분기당 300만 원 이내로 연금은 만 55세부터 5년 이상 본인이 필요한 기간으로 설정해 수령할 수 있다. 단 연금을 받을 때에는 연금소득세 5.5%(지방소득세 포함)를 부담해야 한다. 중도해지하면 기타소득세 22%(지방소득세 포함)를 부과한다. 특히 5년 이내에 중도해지 할 경우 해지 가산세 2.2%(지방소득세 포함)가 추가 부과된다.

가입자는 금융기관의 운용 실적을 비교해 가입한 계약을 은행, 자산운용사, 보험사 등 다른 금융회사의 연금저축상품으로 이전하는 계약이전제도도 활용할 수 있다.

비과세혜택 '연금보험'

연금보험은 연금저축과 구조면에서 큰 차이는 없지만, 비과세 혜택이 매력이다. 연금보험은 연금저축과는 달리 소득공제 혜택은 없다. 하지만 연금소득세를 내야 하는 연금저축과는 달리 10년 이상 투자할 경우 비과세 혜택이 있다. 노후상품은 10년 이상 장기 투자를 한다는 점에서 세금을 물지 않고 가는 것도 현명한 선택이다. 또 연금보험은 연금저축과는 달리 보험사에서만 판매한다는 점도 알아두자.

노후 준비 안 됐다면 '즉시연금'

즉시연금은 한 번에 큰돈을 납입한 뒤 매달 원금과 이자를 쪼개 일정 기간 동안 연금으로 수령할 수 있는 상품이다. 이 때문에 은퇴를 앞두고 미처 연금 재원을 마련하지 못한 투자자에게 유리하다. 공시이율은 보통 4.4~4.6%로 은행 시중금리보다 높고, 공시이율이 낮아질 경우에도 2.0~2.5%의 최저 보증이율이 적용된다.

즉시연금은 가입한 바로 다음 달부터 보험 대상자가 사망할 때까지 매달 생활비 형태로 연금을 지급한다. 보통 10년 단위의 보증기간이 있는데, 이 기간 가입자가 사망하는 경우 보증기간 만료 시까지의 미지급 연금을 가족들이 대신 수령할 수 있다.

다만 10년 안에 해약하는 경우는 세제 혜택을 받을 수 없고 가입 후 2~3년 이내에 해약할 경우 원금 손실이 날 수 있다는 점도 유념해야 한다.

'연금·저축성' 보험상품의 함정

저금리기조 장기화로 최근에는 '절세' 재테크 트렌드가 자리 잡고 있다. 이 때문에 10년 이상 장기 투자하는 연금저축과 연금보험, 저축성보험 등 상품의 인기가 높다. 이들 상품은 장기 복리 상품이라 눈덩이 굴리듯 돈을 크게 불릴 수 있고, 비과세혜택까지 부여돼 큰 수익을 노릴 수 있다. 게다가 금리도 연 4%대로 은행 예·적금 상품보다 1%포인트가량 높다. 이처럼 저축성보험은 빨간색 스포츠카처럼 누구에게나 매력적인 상품이다. 하지만 주의해야 할 점은 하나 있다. '보험'이라는 태생적 한계다.

우선 장기저축성 상품은 10년 이상 가입하지 않으면, 실질적인 복리효과나 비과세 혜택을 누리기 어렵다. 저축성보험은 고객이 납입한 보험료에서 사업비(영업비용 등)와 위험보장을 위한 보험료를 차감한 금액에 이율을 부과한다. 납입한 원금 전액에 이자율을 부과하는 예·적금과는 다르다. 이 때문에 가입 초기에는 자신이 낸 원금보다 환급금이 적고, 복리효과를 통해 돈이 어느 정도 누적된 뒤에야 수익이 나는 구조다. 예컨대 월 납입보험료가 10만 원이라면 적금은 10만 원 전액에 대해 이자를 제공하지만 장기저축성 상품은 10만 원 중 위험보험료와 사업비 등으로 약 10%를 뗀 9만 원만을 적립한다. 납입 보험료 중 90%정도만 적립되는 셈이다.

보험사들은 사업비와 위험보험료를 가입 후 7년 동안 떼기 때문에 가입 후 대략 10년이 지나야 실제로 지출한 보험료와 적립액이 비슷해진다. 이 때문에 아무리 복리효과와 비과세 혜택을 준다고 해도 적금보다 수익률이 떨어진다. 실제로 월 100만 원 납입 기준으로 연 4.0%

[표 6] **저축성보험 환급률**　　　　　　　　　　　　　　　(2012년 1월 말 기준, 단위: 천 원)

	구분	1년	3년	5년	10년	15년	20년
	연간 납입금(A)	12,000	36,000	60,000	120,000	120,000	120,000
저축성 보험	환급금(B)	7,994	33,722	61,660	143,582	182,568	232,196
	환급률 (B/A)	66.62%	93.67%	102.77%	119.65%	152.14%	193.50%
적금	환급금(C)	12,220	37,914	65,376	142,590	168,406	198,896
	환급률 (C/A)	101.83%	105.32%	108.96%	118.83%	140.34%	165.75%
상품 비교	환급금 차이(C−B)	4,226	4,192	3,716	−992	−14,162	−33,300
	환급률 차이	35.22%	11.64%	6.19%	−0.83%	−11.80%	−27.75%

* 저축성보험 산출 조건: 남자 40세, 월납 100만 원, 10년 납, 공시이율 5.0%(보험평균)
* 적금 상품 산출 조건: 월납 100만 원, 1년 만기적금 10년(회)가입, 금리4.0%(은행평균)
(적금 만기 시 세금 공제 후 1년 만기 예금으로 재예치)

이율의 은행적금과 연 5.0% 공시이율의 저축성보험 상품의 기간별 환급률을 따져보면, 고금리와 복리효과를 감안해도 5년까지는 적금에 가입하는 편이 유리하다.

장기저축성 상품의 경우 1년 만에 찾을 경우 원금의 66.6% 밖에 돌려받지 못하지만, 적금은 101.8%(이자소득세 제외)를 받게 된다. 5년 만에 찾을 때도 보험은 102.8%, 적금은 109.0%를 돌려받는다. 10년이 지나야만 장기저축성 상품이 적금보다 유리해진다.

더 유의해야 할 점은 이들 상품은 초기에 해지할 경우 이자는 물론 원금도 못 건진다는 것이다. 3개월 안에 중도해지 하면 적립한 돈을 전혀 돌려받지 못한다. 3년이 지나도 원금의 93.7% 정도만 환급이 가능하다. 이자소득세 부과도 10년 이상 유지해야 면제된다.

"저축성보험에 가입하고 잊고 살면 된다"고 생각하기 쉽지만 10년 동안 한 가지 상품에 꾸준히 불입하는 일은 생각보다 쉽지 않다. 저축성보험의 경우 전체 계약자 중 가입 3년 이내에 해지한 사람이 44.7%에 달한다. 고금리와 복리효과, 비과세 혜택을 노리고 가입했으나, 가입자의 절반가량이 혜택은 누리지도 못한 것은 물론, 원금도 건지지 못했다는 의미다. 10년 이상 보험을 유지할 자신이 없다면 차라리 3년 짜리 장기 예·적금에 가입하는 편이 유리하다.

■ 국민연금 임의가입 vs 개인연금 ■

국민연금 가입 대상이 아닌 투자자라면 분명 개인연금 가입의 필요성을 느낄 것이다. 정기적인 소득이 없어 국가의 보장 수혜나 회사에서 지급하는 퇴직연금을 기대할 수 없기 대문이다. 그렇다면 직업이 없거나 전업주부 혹은 군인·학생이라면 노후를 어떻게 대비해야 할까.

소득이 없는 사람의 노후대비 카드는 크게 두 가지로 나눌 수 있다. 한 가지는 앞서 설명한 국민연금 임의가입, 다른 한 가지는 개인연금이다. 이 두 가지 모두에 가입한다면 퇴직연금을 제외한 연금 3층 구조를 모두 이루는 셈이라 비경제활동자로서는 최상의 시나리오라고 할 수 있다. 하지만 돈이라는 것은 늘 부족하기 마련이다. 정기적인 소득이 없거나 홀벌이 가정의 주부라면 늘 빡빡한 주머니 사정에 '선택'의 갈등을 해야 하고, 노후대비 역시 이런 상황에서 자우로울 수는 없다. 과연 국민연금 임의가입과 개인연금 중 어느 쪽이 더 좋을까.

결론부터 이야기하면 손에 떨어지는 돈을 생각하면 국민연금 쪽이 유리하다. 국민연금은 이전에 납부했던 보험료를 연금을 받는 시기의 가치로 재산정해 연금을 지급하기 때문이다. 즉 물가상승률을 반영한다는 의미다. 개인연금에는 각종 비과세·소득공제 혜택이란 장점이 있지만 국민연금의 물가상승률 반영에는 미치지 못한다.

[표 7] 20년 뒤 국민연금 vs 개인연금 수령액 (2012년 9월말 기준, 단위: 원)

	국민연금	월 납입금	연금저축
월 수령액	325,690	100,000	162,325
	446,120	200,000	324,650
	566,560	300,000	486,975

*20년 납입, 20년 수령 기준
*개인연금, 월복리 4.5%, 비과세 적용

표7에서 알 수 있듯 개인연금은 납입시점의 금액을 절대치로 순수하게 월복리로 계산해 만기 때 지급하기 때문에 수령액이 많지 않다. 반면 국민연금은 자산가치 상승률을 더하기 때문에 납입 시점과 수령 시점의 체감 금액이 같거나 더 높고 개인연금과는 수령액 자체에 큰 격차가 있다. 본인이 경제활동을 하고 있지 않다면 국민연금에 임의가입하는 편이 훨씬 유리하다는 것을 알 수 있다. 국민연금관리공단은 2012년 소득이 비교적 높은 지역인 서울 강남과 경기 분당, 일산 등지의 국민연금 임의가입률은 2% 이상으로 농어촌지역(0.5%)을 압도한다고 밝혔다. 이는 국민연금에 대한 이해가 높은 고소득층이 국민연금의 장점을 잘 알고 있고, 그 수요가 높다는 것을 반증한다.

다만 유의해야 할 점은 있다. 일단 정부는 1인 2국민연금 지급을 금지하고 있다. 국민연금은 수급대상자, 통상 남편이 사망할 경우 그 부인에게 연금 일부분을 유족연금으로 사망 시까지 지급한다. 그런데 남편이 국민연금에 의무가입했고, 부인도 임의가입을 했는데 남편이 사망한다면 둘 중 하나만 지급되고, 다른 하나는 소멸된다. 통상 남편이 국민연금에 오랜 기간, 많은 돈을 납입하기 때문에 부인이 임의가입한 보험료는 한 푼도 받지 못하는 일이 발생할 수 있다.

또 주의해야 할 점은 국민연금기금의 고갈 가능성이다. 현재 한국의 인구 구조가 극단적인 항아리 구조이기 때문에 오는 2025년에는 기금이 바닥날 것이란 관측이 제기된다. 정부가 기금 고갈을 우려해 앞으로 보험료율을 올리거나 지급액을 축소할 가능성이 높다. 전광우 국민연금공단 이사장은 2012년 국정감사에서 "보험료 인상은 불가피하다"며 2013년 보험료율을 인상하겠다는 입장을 사실상 확정했다. 불과 몇 년 전만 해도 "보험료율 인상은 없다"고 국민들을 안심시켰으나, 말을 자꾸 번복하면서 정책적 신뢰성은 땅에 떨어진 상황이다.

3년 후 내 재산

초판 1쇄 발행 2012년 12월 27일 초판 2쇄 발행 2013년 1월 15일
지은이 김유경 **펴낸이** 연준혁

출판 2분사 분사장 이부연
책임편집 박혜란

제작 이재승

펴낸곳 (주)위즈덤하우스 **출판등록** 2000년 5월 23일 제13-1071호
주소 경기도 고양시 일산동구 장항동 846번지 센트럴프라자 6층
전화 031)936-4000 **팩스** 031)903-3893 **홈페이지** www. wisdomhouse.co.kr
종이 월드페이퍼 **인쇄·제본** 현문인쇄 **후가공** 이지앤비

값 13,800원 **ISBN** 978-89-6086-573-0 13320

*잘못된 책은 바꿔드립니다.
*이 책의 전부 또는 일부 내용을 재사용하려면
사전에 저작권자와 (주)위즈덤하우스의 동의를 받아야 합니다.

국립중앙도서관 출판사도서목록(CIP)

3년 후 내 재산 / 김유경 지음. ---고양: 위즈덤하우스, 2012
P.; cm

ISBN 978-89-6086-573-0 13320 : ₩13800

자산관리[資産管理]
투자[投資]

327.8-KDC5
332.6-DDC21   CIP2012005238